图书在版编目（CIP）数据

领导团队6关键／（美）斯科特·米勒，（美）托德·戴维斯，（美）维多利亚·罗斯·奥尔森著；张玉然译.—北京：中国青年出版社，2022.5
书名原文：EVERYONE DESERVES A GREAT MANAGER: THE 6 CRITICAL PRACTICES FOR LEADING A TEAM
ISBN 978-7-5153-6591-6

Ⅰ.①领… Ⅱ.①斯… ②托… ③维… ④张… Ⅲ.①企业管理－组织管理学 Ⅳ.①F272.9

中国版本图书馆 CIP 数据核字（2022）第038046号

Everyone Deserves a Great Manager: The 6 Critical Practices for Leading a Team
by Scott Miller, Todd Davis and Victoria Roos Olsson
Copyright © 2019 by Franklin Covey Co.
Franklin Covey and the FC Logo and trademarks are trademarks of FranklinCovey Co. and their use is by permission.
Simplified Chinese translation copyright © 2022 by China Youth Press.
All rights reserved.

领导团队6关键

作　　者：	〔美〕斯科特·米勒　托德·戴维斯　维多利亚·罗斯·奥尔森
译　　者：	张玉然
责任编辑：	刘宇霜
文字编辑：	岳明园　薛芊
美术编辑：	张　艳
出　　版：	中国青年出版社
发　　行：	北京中青文文化传媒有限公司
电　　话：	010-65511272 / 65516873
公司网址：	www.cyb.com.cn
购书网址：	zqwts.tmall.com
印　　刷：	大厂回族自治县益利印刷有限公司
版　　次：	2022年5月第1版
印　　次：	2022年5月第1次印刷
开　　本：	880×1230　1/32
字　　数：	150千字
印　　张：	8
京权图字：	01-2019-8006
书　　号：	ISBN 978-7-5153-6591-6
定　　价：	59.90元

版权声明

未经出版人事先书面许可，对本出版物的任何部分不得以任何方式或途径复制或传播，包括但不限于复印、录制、录音，或通过任何数据库、在线信息、数字化产品或可检索的系统。

中青版图书，版权所有，盗版必究

领导团队 6 关键

人人值得拥有一位出色的领导

[美] 斯科特·米勒（Scott Miller） 托德·戴维斯（Todd Davis）
维多利亚·罗斯·奥尔森（Victoria Roos Olsson） 著

EVERYONE DESERVES
A GREAT MANAGER

THE 6 CRITICAL PRACTICES FOR LEADING A TEAM

中国青年出版社
CHINA YOUTH PRESS

各方赞誉

初级领导者是最"苦"的领导者,大多数时候感受到的都是来自"上"和"下"的挤压。如果不能有效化解这种压力感,进而会感到"上面"的支持越来越少,而"下面"的不配合越来越多,始终处在两头受气的状态。《领导团队6关键》把纷繁复杂的情形概括为6个关键内容,既为初级领导者提供了清晰的思路和对策,也为更高领导层提供了深入思考和反思的机会。作为本书的要义,第一步就是培养领导者思维。一旦形成领导者思维,就可以渐次学习和掌握其他五个关键做法,打开成为出色领导者的大门。无论是《高效能人士的七个习惯》还是本书,都让我感到柯维公司的管理之道直指人心、直击要害,希望你们和我一样获益匪浅。

——王他一,北京国际度假区有限公司总经理

管理者唯有通过持续学习、不断迭代,才能带领团队从一个胜利走向下一个胜利。尤其是在市场和环境变幻莫测的VUCA时代,提升领导力,是应对不确定环境的确定性手段。《领导团队6关键》一书提供了一套简单可靠的管理框架,帮助管理者实现通向领导

力的精神上的飞跃。更难能可贵的是，本书针对每一项做法提供了操作性极强的工具清单，让管理者能够立刻着手实践。我相信，对于旷视及和我们一样快速增长的新兴企业的管理者而言，本书能够帮助我们成为更好的管理者并打造出更有效能的组织。

——唐文斌，旷视科技联合创始人兼CTO

中国的生物医药企业正在面临前所未有的机遇，蓬勃发展的行业涌现出大批量对于管理人才的需求，这也是当下生物医药企业无法避免的挑战。一个出色的管理者会让团队成员充分释放自己的潜力，这是"让不可能变成可能"的金钥匙。如何帮助优秀绩效员工快速完成从个人贡献者到管理者的转型，《领导团队6关键》提供了专业与有效的方案。

——卢安邦，维昇药业首席执行官兼董事

我喜欢富兰克林柯维课程及其相关书籍，一是其主张的都是构建于自然法则基础之上的思维和最佳实践，因此也是最基础、最核心、最具生命力的领导力课程；二是其内容既关注人，也关注事，既有完整的全局架构，又有切实可行的落地方法。《领导团队6关键》同样是一门好课程。

——李金地，中国移动DICT实训基地高级经理掩卷覃思，深以为然，《领导团队6关键》是帮助基层管理者形成自身领导力的一套制胜法宝。通过简单有效的做法、立即可用的工具等，不仅可以帮助基层管理者建立正确的思维框架，而且能够快速地付诸行动。惠我良多，也推荐给大家。

——毕胜，平安人寿集团人力资源培训经理

目录

前言 009

引言 013

做法 1　培养领导者思维 025
"思考—行动—收获"循环 029
转换思维模式 036

做法 2　定期进行一对一会谈 043
技能 1：为一对一会谈做好准备 051
技能 2：做好一对一会谈期间的指导工作 060
做出承诺 071

做法 3　引领团队取得成果 081
在体系"之上"工作 088
技能 1：做到团队目标与组织优先事项保持一致 090
技能 2：学会授权 100
为成果庆祝 108

做法 4　建立反馈型文化　　115
　技能 1：提出激励性反馈意见　　121
　技能 2：提出纠偏性反馈意见　　128
　技能 3：征求别人对你的反馈意见　　147

做法 5　引领团队应对变革　　157
　富兰克林柯维变革模型　　162
　技能 1：在第一阶段为变革做好准备　　167
　技能 2：在第二阶段管理干扰　　175
　技能 3：在第三阶段快速适应变化　　182
　技能 4：在第四阶段寻求反馈意见并庆祝成功　　190

做法 6　管理你的时间和精力　　199
　技能 1：管理你的精力　　205
　技能 2：管理你的时间　　218
　技能 3：指导团队成员管理自己的时间和精力　　227

结语　　237
附录　　241
　放下书开始行动　　241
　成为团队值得拥有的出色管理者的计划　　248

前言

想要找个万无一失的与人开聊的谈资吗？那就问问这个人是否遇到过一位糟糕的管理者。然后，你可要做好准备，因为几乎所有人都知道工作中遇到一个让人黯然神伤、灰心丧气、"求你别让我去上班"型的管理者是种什么感受。

但是如果运气好，我们也会遇上一位出色的管理者；一个关心我们，相信我们，帮助我们把工作做到极致的人。

大名鼎鼎的哈佛商学院教授克莱顿·克里斯坦森（Clayton Christensen）认为，管理工作是世界上最有意义的工作之一。在其《你要如何衡量你的人生》(*How Will You Measure Your Life*)一书中，他写道："如果你想帮助他人，就去做一名管理者。管理工作如果做得好，便可归属为一种最高贵的职业。你有条件可以每一天从每一位为你工作的人那里得到8至10个小时的时间；你有机会为每位员工的工作做出规划，以便他们能够在每天工作结束后回家……有激情有动力地活着。"

研究数据佐证了这一观点。根据盖洛普公司（Gallup）的调查，"不同业务部门员工敬业度分值之间的差异至少有70%是管理者造成的"。

做一名管理者是最有影响力的工作之一——同时也是最艰苦的工作。第一次担任团队领导的时候,我在工作中艰难地学习。我多么希望能有一个针对管理者的"维基百科",或者更高级一点,一个可以帮助管理者处理工作中各种问题和痛苦的"网络医生"。当时还没有这类公司——所以8年前我和我的联合创始人在旧金山的一个冷风瑟瑟的地下室里创建了一个。

这个公司就是加纳(Jhana),它的创建理念是"人人都值得拥有一位出色的管理者"(尽管围绕"领导者"和"管理者"这两个词存在着热烈的讨论,但是为了便于阅读,我和我的合著者们在本书中将不对二者进行刻意区分)。加纳目前是一个为领导者提供短期培训的在线学习资源公司。我们通过研究证实,领导角色的转变之路是多么的艰难,新手管理者所获得的用来助力成功的培养是多么的匮乏,他们从上司那得到的指导是多么的有限。公司组建了一支由博士、研究人员、作家和技术人员组成的团队,潜心学术研究,同时还组建了一个管理者咨询小组,以便这些研究结果能够在现实中得到验证或者找到反证。由此诞生出的,是一系列最佳、最实用的方案,用以解决所有管理者面临的各类挑战:授权、领导、设定正确的目标、为员工提供支持、招聘、解雇和调动员工积极性。

显然,我不是唯一一个从中获益的新手管理者,因为加纳公司从此扬帆起航。管理者们将我们实用的解决方案应用于技术公司、专业服务、金融服务、医院、制造业、学校和政府部门。为了提高影响力，我们与富兰克林柯维公司（FranklinCovey）携手合作。富兰克林柯维公司是全球最具声望的领导力发展公司之一。自其联合创始人史蒂芬·R.柯维（Stephen R. Covey）博士（《高效能人士的七个习惯》的作者）开始，围绕着下列关键的领导力问题，富兰克林柯维公司已经深耕了近40年：

· 如何提高员工自信心，使其战胜自我怀疑，从而帮助他们实现职业生涯中一次最艰难的转变：由个人贡献者转变为管理者？

· 如何帮助管理者充分发挥潜能，并且长期不断地学习和提高？

· 如何帮助员工对一些经常令人难以忍受的来自工作的压力进行管理？

凭借富兰克林柯维公司基于原则的领导力传统，以及加纳公司崇尚创新的硅谷作风，我们打造了一项融合二者之精华的领导力解决方案：领导团队6关键。该解决方案已得到世界各地成千上万管理者的认可。

尽管本书中的各项做法主要是针对初级管理者打造的，但是实际上这些做法适用于所有级别的领导者：

如果你是一位初出茅庐的管理者，在此你会发现可以用来帮助自己领导和培养一支高效团队的行之有效的"最佳实践"做法。

如果你是一位经验丰富的管理者，重点掌握能够帮助你弥补管理培训工作中不足之处的做法，同时也可以了解一下我们为最重要的互动交流准备的工具，比如一对一会谈、目标设定、引领变革。

如果你是一位管理领导者的领导者，你会发现一些提高管理技巧的实用方法。此外，这本书还可以用作引导你手下的初出茅庐的管理者的一部指南。

如果你是一位人力资源、学习与发展、组织发展方面的专家，你可以利用这本书训练管理者的领导技能，也可以作为衡量卓越管理的准则。

如果你是一位首席高管，你可以利用这本书来示范做法，并且要让一线人员看得到——如果你不采纳这些做法，那么你的管理者们或许也不会。

我与斯科特、托德和维多利亚共同认为，领导与管理是一种使命。如果做得好，它便是值得的、有意义的。但是如果你距此尚有一段距离，那么本书中提出的做法将会帮助你实现这一目标。这将会是一段美好的旅程，它将激励各级管理者深刻影响其团队，为后人留下一笔恒久的经验财富。祝你们旅途愉快。

罗布·卡希尔

加纳公司联合创始人兼所有权人

富兰克林柯维公司副总裁

引言

我讨厌糖粉。

事情的起因要追溯到我27岁那年,是我在柯维领导中心(后来成为富兰克林柯维公司)开启新的职业生涯的3个月后。我当时是面向K-12学校①的一线销售员。此前一直生活在佛罗里达州(包括在迪士尼公司工作的4年)的我,对于犹他州的这一新的起点感到异常兴奋;加之这里有着广阔的职业发展前景,而且停车场上不会有鳄鱼,做这个工作不失为一件愉快的事。当副总裁问我是否愿意额外担负起管理客户服务协调员团队的职责时,你可以想象我诧异的心情。

团队里所有人的资格都比我老。在对我的新团队进行一番调查后,我做出了自己的判断:这是一群非常有才干的人,只是缺乏动力和责任心,以及一位年轻有为、能提升绩效的领导者。

我铆足了劲儿开始着手手头的工作。副总裁一定会为我的工作成果乐不可支。我的团队成员将对我的激励风格和专业技能五体投地。我会相当的成功,再次获得提拔、加薪,甚至领导一个

---

① 北美小学和中学教育的简称。

更大的团队去创造辉煌,也不过是时间的问题而已。

然而现实却并非如此。

在试图提高效率和改变结果的过程中,我突然发现自己在监督员工上下班的时间。我禁止员工在工作时间进行私人约会。我甚至要求一位协调员在请假期间——她的蜜月期——回复我的语音邮件,并且向我报告所有问题。

她以为我在开玩笑。

我并没有(值得称赞的是,她直截了当地回绝了。22年后的今天,我们成了好朋友)。

没错,我在挫伤员工士气、伤害他们的自尊心、打击他们在工作中任何一丝骄傲情绪方面,相当有成绩。我是个专横的暴君,一个让人头疼的家伙。好吧,我是个十足的笨蛋。但是我真诚地认为,我骄傲的公众形象能够让所有人按规定办事,并且激励他们提高敬业度。

我们回到糖粉的话题。在我的恐怖统治时期的一天早晨,上班之前我正坐在当地的一家餐馆里看报纸,同时(你猜对了)吃着撒了一层糖粉的华夫饼。就在这时,我的手机响了,是副总裁打来的。我又要升职了?

然而,他是这样开始的:"你知道,我一直在想……",然后他用了3分钟时间结束了谈话。结果是,我被和婉地,然而又是毫不含糊地,从新的领导职务上撤下,打回到了一线销售员的岗位上——做了三个星期的领导之后。我实际上并未得到晋升。

我放下叉子,感到一阵反胃。这就是我第一个领导角色的终结,也是我对糖粉的爱的终结。

幸运的是,我的雇主,全球最大的领导力发展组织之一的富兰克林柯维公司给了我第二次机会——许多的第二次机会。通过培训和痛苦的自我反省,我学会了在培养团队的同时提高业绩的领导方式。

在成功地做了4年的基层员工后,我再次获得了担任领导职务的机会。这一次是领导公司高等教育部的一个由15名经验丰富的销售人员组成的团队。而这一次,我已经知道如何召开问责制会议,审查渠道,进行预测,分析哪些是真正的销售机会,哪些不是。我擅长管理销售……而这与其他管理人员是截然不同的。

所谓的关键性转变是在我被提升为中西部地区总经理之后才出现的。这项工作需要一套完全不同的技能,更复杂的策略,更广博的同情心和艰难的抉择。我需要面试和雇用数十名员工……而且还要炒掉几个业绩不达标的人。我需要学习如何培养高绩效的人,激励低绩效的人,以及进行高难度的对话。每周我都要做出后果价值六位数的决定。

正是通过这个角色,我成长为一名我的团队值得拥有的管理者。为了指导40个心系着远大的职业梦想、401(k)养老金计划、抵押贷款和依靠其供养家庭的人,我也必须展现出全新层次的成熟度、智慧和判断力。同时，我还必须要为我的领导地位付出努力——领导地位不是随着领导头衔自然而来的。我必须用我的行为争取到我的信誉。

这段时间里，我的导师对我讲："斯科特，10年后，没人记得你是否实现了第二季度的EBITDA（息税折旧及摊销前利润），或者是否将利润率提高了4%。当然啦，为了赢得拥有和保持自己领导角色的权利，你必须要有业务上的成绩，但是你留下的财富，将会是你影响过的生命，以及你培养起来的职业。"我目睹了我的导师取得的出色的业绩，然而更重要的是，我目睹了他示范、训练和帮助他人建立信心，并在此过程中让生命变得更加美好。我开始尝试做同样的事情。

在经历了这一痛苦的转变之后，我决心帮助他人度过这一关。我的合著者托德和维多利亚有着同样的激情。他们也将自己在领导工作中遇到的挑战和经验写入这本书。最终我们意识到，一本基于真实人物的经验指南，再加上富兰克林柯维公司的研究成果，或许能帮助到许多管理者。

我们将在此学到的所有知识集结在一起，来为你提供教育和支持，并帮助你成为自信的领导者。这里有针对伟大领导者们如何思考以及为何以他们的方式思考的洞见，有用来应对和战胜最为常见的领导力挑战的详细的最佳实践做法，以及包括完成事项核对清单、故事和范例的工具和资源。《领导团队6关键》将为你提供升职之后（不过也许你还没有）所希望获得的指导：能够帮助你成长为一名领导者，并且将你的员工打造成敬业、高效的团队所需的支持、理解、战略和战术。

你的角色比以往任何时候都重要

本书中的内容让各级领导者都能从中受益，而初级领导者（领导由个人贡献者组成的团队，而且这些个人贡献者自身没有直接下属）尤其会发现这本书的特殊价值。

初级领导者有着前所未有的重要性。执行顾问兼畅销书作家拉姆·查兰（Ram Charan）指出，信息的快速数字化消除了组织中大量的领导层。工作正在向下"折叠"，而非向上。也就是说，绝大多数人是受初级领导者管理的，初级领导者目前身上的影响力和责任是空前的。

例如，在撰写本书的同时，全世界有大约20%的网站正运行在WordPress平台上。这使得管理WordPress的公司Automattic成了互联网基础结构中的一个重要组成部分。然而Automattic公司却只有大约200名员工，其中大多数是远程工作并且有自主性。如果是在几十年前，该公司一定会有个像伦敦地铁路线图那样的组织结构图。然而现在，在一个Slack频道上的几个开发人员就可以维护该网站五分之一部分的运行。

在"老旧"的日子里，初级领导者的上面会有好多位领导，这些领导们一路沿着领导职位的阶梯稳步攀升，并且在此过程中积累了经验。低级别的管理者可以从这些人的专业知识中汲取引导和建议。然而如今这样的层级大多数都已经消失了，致使初级领导者往往缺乏足够的资源或支持。

身居领导职位，你理应知晓团队成员的强项和弱项，要显得无所不能，要能够从只关心自己的成果转向实现团队的成果，而且是一夜之间。你必须在信息不明确的条件下做出合理的决定，你必须敦促员工对工作当责，并且还要去实现那些你或许根本不曾参与制定的目标。

领导与管理

你或许已经注意到，在本书中，我们经常交替使用"领导者"和"管理者"这两个词。我们这样做是有意的，而且我们也不会厚此薄彼来进一步强化两者之间的差异。我们确实知道，某些领导者需要成为更好的管理者，而某些管理者则需要成为更好的领导者。至于哲学上的定义，我们还是留给某些学术巨著去解释，因此无论我们使用这两个词中的哪一个，希望读者不必为此纠结。

尽管你是为组织创造业绩的重要的新生力量，但是你通常又是最没有经验、受过的培训最少的人。你只能从反复的试错中学习，因为此外你别无选择。《哈佛商业评论》的研究人员发现，人们通常是在30岁时开始担任第一份领导职务——然而直到42岁才能获得第一次有关领导力的培训。据这些研究人员称,"这些人在公司工作期间,平均有十多年未曾获得过培训"。想象一下,如果一名医生、飞行员或者工程师,在其工作过程中有10年的时间未曾有过培训,会是什么样子——不可思议。我们为什么会容忍针对组织中的这些关键人员的降级标准呢?

富兰克林柯维公司投入了近40年的时间研究领导力。我们发现,初级领导者越来越多地体验到因缺乏指导而造成的挫败感,来自对超出其极限的时间要求的重负,以及对进行高难度对话的焦虑。而且,如果他们看不到前进的道路,那么他们极有可能会放弃领导职务——甚至也有可能放弃他们的雇主。

我们知道你所承担的是一个艰难的角色,但它值得你去做——而且值得你好好做——因为你能够实实在在地改善团队成员的生活和职业。这并非夸大其词。工作压力对于每个人来说都会是生理、心理和情感上的挑战,包括你自己。作为领导者,你会影响到(无论是正面的还是负面的)团队能否成功克服这些挑战的能力。我们致力于帮助你成为你和你的团队值得拥有的管理者。

领导团队的6个关键做法

为了能让你有足够的信心和能力去应对管理工作中不可避免的挑战,托德、维多利亚和我将基层领导工作这一令人感到迷茫的世界缩小为领导团队的6个最关键的做法:

做法1：培养领导者思维

做法2：定期进行一对一会谈

做法3：引领团队取得成果

做法4：建立反馈型文化

做法5：引领团队应对变革

做法6：管理你的时间和精力

这些做法已经得到了成千上万领导过真实团队的真实领导者们的实地测试。这些内容是在富兰克林柯维公司的领导力解决方案"领导团队6关键"基础上的扩展，现已被世界各地数千家公司、政府、非营利组织、学校系统和大学所采用。

以下是你会发现本书很有价值的原因：

你将学习到如何实现一生中最大的职业转变。这些做法将帮助你实现通向领导力的精神上的飞跃，而与此同时又不会让你牺牲掉那些曾经让你成为业绩出色的个人贡献者的优秀品质（通常这两者是矛盾的）。

你可以立即将这些做法付诸实践。无论你是想领导一支6人还是60人的团队，你都需要能够立即投入使用的工具。每个做法都包含分步骤的指导，你可以立即将其付诸行动。

你会快速入门。我们从数十年的研究报告、数百次领导者访谈以及成千上万次评估，乃至成果卓著的做法中汲取精华，奉献给初级领导者。

> **经验较丰富的领导者也可以使用这6种做法**
>
> 尽管我们这本书是针对初级领导者而创作的,中高级领导者也会从中发现很多价值。这些都是每个领导者需要借鉴并经常回顾的技能。即使你要管理500名员工,你依然要知道不应该对这些基本技能感到自满。对于经验丰富的管理者来说,这本书部分是复习,部分是中途的修正,也有可供你用来指导你手下的初级领导者们的一系列经久不衰的原则。

将这本书通读一遍,并且把它放在你的案头,以便在你需要某些特定信息或工具时,用来作为参考。本书的结构适合于沉浸式学习或按需随取的启发式学习。

我是否想成为一名出色的领导者……或者我是否希望我的团队拥有一位出色的领导者?

一个问题是关于我的,而另一个是关于他们的。

如果我想成为一位出色的领导者,我可能会不知不觉地透过我个人的视角来看待领导工作,而且它是用来打造我的品牌、信誉和事业的。而如果我将关注点转移到希望我的团队能够拥有一位出色的领导者,那么我会不在乎个人的荣辱得失。我会希望我的团队能够充分发挥潜能,无论是否有人知道那是我的成就。

我父亲去世时，我们发现在其一生中，他曾匿名帮助过数十个人。他这样做的目标是帮助别人，而不是寻求个人荣誉。优秀的领导者也这样做。

所有人都希望得到认可，哪怕是一点点。但是关注他人可能是我们职业生涯中最有意义的一件事。

——托德

————

托德·戴维斯、维多利亚·罗斯·奥尔森和我将担任你的私人教师，帮助你学习接下来的内容。托德是富兰克林柯维公司首席人力资源官，他在培养人才、打造制胜文化以及释放企业最宝贵资源（员工协作）的潜能方面都有很深的造诣。托德将指导你如何建立有效的工作关系，这也是他在其整个职业生涯以及在他出版的畅销书《人生算法：已被证实的使个人和团队变得更好的15个套路》一书中，为其他数百人所做的工作。

————

我始终记得那次我的朋友索非亚在一个周日晚上打电话告诉我一个令人激动的消息：她升职了，平生第一次担当起了领导角色。欢欣雀跃的同时，她也感到有些紧张，于是她要我给她讲讲我所知道的关于成为一名出色领导者的一切……用1个小时30分钟的时间。

由于这是一次闪电式的内部提拔，她第二天就要着手新的任务。那个星期天晚上，我尽了最大的努力与她分享我的经验，但是任何一位新领导者如果想要完成职业生涯中的这次最大的飞跃，他所需要的时间绝对不止几分钟。

这种情况太普遍了。现实生活中有许许多多的索非亚——那些对他们新的职责感到既兴奋又不知所措的初级领导者。他们只是在接到一句"恭喜"之后就匆忙投入了新的角色。这本书正是要送给所有像他们一样的人。

——**维多利亚**

维多利亚是富兰克林柯维公司瑞典籍的高级领导顾问。她为公司带来了国际视野和真正的从业者的工作方法。你将受益于她20年来在北京、迪拜、布鲁塞尔等世界各地的大型组织中培养领导者——以及她自己所领导过的众多团队——的过程中所取得的经验。作为一名认证瑜伽教练，维多利亚还将帮助你在你的领导方法中融入"健康人"的概念。

而我为本书带来的是我从第一次被降职到最终站稳脚跟成为销售主管、总经理、执行副总裁和首席营销官，这20年间所经历的领导错误、经验教训和成功案例。同我的两位合著者一样，我刻意选择表现得既坦率又真实，以便你可以从我们的集体领导经验中受益。希望我们的坦诚能够帮助你找到一条绕过这些常见陷阱的道路。我们将这些个人见解与富兰克林柯维公司外部的知识（包括其他受尊敬的领导力专家）结合在一起。

为了清晰起见，除了第六项做法之外，我将作为你的主要讲述者。在第六项做法中，维多利亚将为你带来丰富的专业知识。在此需要说明的是，为了尊重隐私，我们在故事中更改了一些人名和一些小的细节。

员工们经常会表述，他们与直接领导者的关系是其职业生涯中最有意义的关系，而且这一关系也会决定他们在公司的去留。如果你借助本书的见解和技能而成为一名出色的领导者，那么你将会对工作感到更加的满意，获得更多的晋升机会，也更有可能为他人的生活带来积极的影响。你将成为一名你和你的团队值得拥有的管理者。

获得更多线上工具

您可以访问everyonedeservesagreatmanager.com，以获得更多来自作者的指导。在你阅读本书的过程中，或者任何需要进修的时候，你都可以到这里看一看。

做法 1
培养领导者思维

我是在佛罗里达州中部的一个安稳的中产阶级家庭长大的。我和哥哥每天骑自行车上学，周日去教堂做礼拜，晚上七点半准时被塞进被窝。我们的生活一成不变、平淡无奇，而且从小到大我一直以为所有人都是这样生活的。我还被教导要相信生活中的某些特定的东西，其中记忆最深刻的是：某些人永远讲真话，而且永远都是对的，比如父母、权威和神父。

　　啊——噢。父母们永远讲真话？错。权威一向讲真话？很不幸，事实并非如此。所有的神父都值得信赖？大错特错。

　　这是一种局限性的思维方式，或称思维模式。思维方式就好比是我们用来观察世界的透镜，而我们在世界观形成过程中的成长经历、所接受的思想灌输以及培养训练，便是形成思维方式的基础。每个人都戴着这样一副有色眼镜，而且这些眼镜的准确度也各不相同。有的可能度数正好，而有的则略有偏差。某些情况下，你还可能会存在类似白内障的问题。

　　人的思维模式通常是无意识的或者潜意识的。没有人（希望如此）一大早出门就想着要带上偏见或者成见，然而，在我们每个人的头脑中这些偏见或成见早已根深蒂固，它们大多来自于我们成长的年代、环境和我们成长的方式。对于它们或者它们的持续影响，无论是消极的还是积极的，我们通常根本意识不到。

幸运的是，我无需对我的"父母、权威和神父"的思维方式进行一番测试。我周围的这三种人基本上都是好人。然而，假如我没有这么幸运，那么这种思维方式很可能会给我造成严重的伤害。我实际上直到二十多岁的时候才意识到，原来父母也是有缺陷和弱点的人。

试一试

评估你的思维方式

列出一份团队成员名单。写下你对每个成员的看法。跳出自己固有的思维模式，然后问自己："是什么让我认为这个人惯于迟到，那个人粗枝大叶，这个人是个万事通，那人是个天才？"

你是否对他们一视同仁？你自身的恐惧、不安、嫉妒、上一次的沟通，或者一系列令人信服的不期而遇，在多大程度上影响到了你对他们评价的真实性和完整性？

现在，以同样的方式评估你对自身所持有的思维方式。你所坚守的某些想法如果受到质疑或者得到纠正，是否有可能会让你的潜力大增？问问自己："这个想法是否正确？如果不正确，我该如何改正？"

——托德

而且，我直到三十多岁时才意识到，原来领导也是人，他们不是永远都能做出正确的决策，也不是永远都能给出正确的答案。

作为领导者，你的工作就是持续不断地评估自身思维方式的准确性，并确保它们能够真实地反映现实情况。因此，请你反问一下自己关于领导力、团队以及自身的看法。也许你会认为，那些和你想法一致的人是具有"高潜力"的人，而那些质疑你的人则不是。也许你会认为，自己实在不是一块做领导的料，而且总有一天会被所有人识破。

"思考—行动—收获"循环

我曾经和一位好友去犹他州的著名度假胜地"雪鸟"滑雪。尽管她从未滑过比兔宝宝（初学者）滑道更陡的坡，但我还是设法说服了她，让她相信自己也能上黑钻石滑道。"加油，加油，加油！"我激励她，"没问题。黑钻石！喔——吼——！"然后，给了她激励的一推。

结果她被用担架抬下了山。

最近我意识到，我在领导岗位上的做法与此如出一辙。这一发现令我顿感骇然（不过别担心——我的朋友很快恢复了健康，而且毫发无伤。不过从那以后她再也没有滑过雪，至少是和我一起）。许多领导者对自己的员工缺乏信心，并且极力打压他们，而我却与之相反：我相信只要我给予他们足够的鼓励，任何人都能做成任何事情。我会描绘美好的愿景，制造激动人心的气氛——用尽一切手段激励他们达到我对他们的信任程度。我想要的是帮助人们充分发挥潜能……而至于他们同不同意，谁在乎？

这种思维方式有时候会奏效，但是有时候我会不小心把人们引诱到黑钻石滑雪道的可怕经历中去。"不，你真的能行。很简单。黑钻石，喔——吼——！"

当我给员工分配工作，派遣他们去新的地区或国家，让他们在上千人面前登台讲演，为他们预约短期咨询工作时，其风险性都是极高的。最糟糕的是，如果我与员工之间目标不一致，我的这种思维方式会毁掉他们的信心、声誉甚至职业。

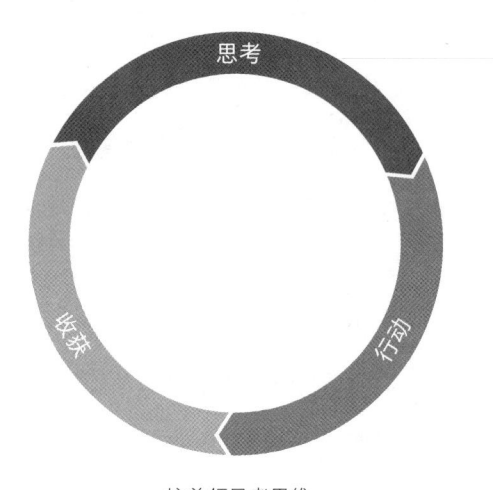

培养领导者思维

我经常需要不断反思自己的工作方法，并且时常回想我们在富兰克林柯维公司传授的一样东西："思考—行动—收获"循环。这是引发真正的行为改变的根基。如果你挑战的是自己的思维模式（顺便说一句，这是件很难的事），那么你的行为和结果就会发生持久性的变化。

为了达到最佳理解效果，让我们从每个人最想要的结果"收获"开始。我们都有各种想要努力获得的结果：改善的健康状况，有意义的关系，稳定的经济状况，社区和工作中的影响力，以及我们对某一天、某次会议、某个项目所期待的结果。

这些结果的驱动力是我们的行为，即上面那个圆环中的"行动"，也就是我们如何去做。如果想要在某个截止日期之前完成报告，那么我们整日就要按照某种特定的方式做事：找财务部门核对上一季度的损益表，抵御干扰性因素，等等。如果想要与同事建立融洽的关系，我们可以请他们一起出去吃午餐。如果想要完美地完成一次宣讲，我们就会一遍遍地反复练习。总之，你明白这其中的要点。

大多数人都明白，行为和结果是相互关联的：什么样的行动就会催生什么样的结果。这算不上是一种顿悟。

我认为大多数人不喜欢的是这里最关键的第一步："思考"。这就意味着除了行为之外，人的思维模式也会对结果产生影响。

我们对事物的看法影响我们的行为，进而影响我们的结果。

思维方式、行为、结果。

思考、行动、收获。

如果你想要获得短期结果，那么就去做行为上的改变。你会戒烟——直到工作高度紧张的某一天。你会完全凭借意志力在凌晨5点钟醒来——仅此一次，而后在一周当中剩下的每个早晨按下闹钟的贪睡按钮。你会戒骂——直到你被堵在路上的那一刻。行为的改变只会

031

给你带来暂时性的解决办法。

如果你想从根本上改变结果,如果你希望获得长期可持续的效果,那么你就必须向自己的思维方式发起挑战。

意识到自己的"黑钻石"思维方式之后,我对此感到很不满意。这种态度有时能奏效,但有效的次数实在有限——而我朋友从此再不碰雪橇的事实,让我开始进行反思。我重新审视了自己诱惑他人求取成功的思维方式(思考)。我不再依靠"喔吼"和热情,而是帮助我的团队成员提高技能(行动)……当然是在我让他们有机会选择退出我的宏伟计划之后。最终,我帮助那些真正有意愿并且做好准备的人获得了成长(收获),同时也减少了被我推下滑雪道的人数。

———

假设有一位领导者受命管理一个重要项目。如果她能够成功完成该项目,这将是她职业生涯中的一个重要里程碑,甚至还有可能会让她获得梦寐以求的晋升。

但是,当她拿到被分配参加该项目的人员名单时,她脑海里闪现的第一个念头是:"哦,不,怎么是那十个人……他们从来都没做过任何贡献,也从来没做成过任何事情。"

心怀着这种思维方式,这位领导者还能坐下来倾听自己团队成员的想法吗?她还会考虑他们的意见和观点吗?她能将重要任务委派给他们吗?很值得怀疑。而且即便她确实将简单的、不容易出错的工作委派给员工,她也很可能会多次仔细审查他们的工作,即所谓微观管理。

现在,假设你是被分配到这个团队的一名人员。团队的领导既不倾听你的意见,也不考虑你的想法,而是在你做的每一件事上挑错。你会有什么样的感受?你是否会将这个不愉快的项目置于你许多其他职责之上?你是否会为此项目竭尽全力投入你的才能、精力和力气?很可能不会。

最终,这位领导者会证明自己是对的。她对团队成员的看法(思维方式)影响了他们的行为,进而导致了没人愿意付出额外劳动的结果。她最初的印象得到了证实。她是对的。真的是吗?

——维多利亚

———

在网球比赛中,能在草地和土地球场上获胜的人并不意味着一定能在硬地球场上获胜。赢得温网比赛后,你期望教练对你说的第一句话不会是:"恭喜你赢了草地网球!但是现在,要想赢得沥青场地上的比赛,你需要用完全不同的打法。"你期待的是铺天盖地的赞美,不料得来的却是对自尊心的碾轧。职业网球界有很多网球能手都没有能力让自己的高超球艺在不同材质的场地之间自如转换而不受影响。

同样道理,我不认为大多数被提拔到领导岗位的表现出色的、有进取心的人都会意识到他们现在必须从根本上改变自己的做法。许多曾经帮助你获得晋升的思维方式并不能让你成为一名成功的领导者。你或许听说过盖洛普的畅销书《现在,发现你的优势》(*Now,*

Discover Your Strengths）。在此之后他又写了一本《发现你的销售优势》。这本书重点讨论了高产的销售人员在获得晋升为销售主管的"奖励"之后所面临的难题。那些他们在作为一名独立销售人员时所磨炼出的强项通常包括强烈的竞争意识、对个人赞誉和名望的需求，有时甚至还包括一种零和游戏心态——我要赢，别人要输。这些品质非常适合在销售业绩上获胜，却不适合用来培育、指导和领导团队（例如那些昨天可能还与你平起平坐的人）。

大多数行业中都存在着这样一道令人生畏的"裂隙"：从教师到校长，从服务员到餐厅经理，从医师到内科主任。或者一如马歇尔·戈

试一试

评估你的领导方式

找出曾经帮助你成为成功的个人贡献者的思维方式。例如：

- 我自己的工作是我的第一要务。
- 我应该随时都能提供正确的解决办法。
- 别人对我的认可源于对我的业绩的认可。

然后判断上述各项当中哪些会对你的领导职务有效，哪些不会。

与其他成功的领导者交流，了解他们从个人贡献者转变为领导者时必须抛弃的思维模式，以及他们所采用的哪些新的想法曾经对其有所助益。

——托德

德史密斯（Marshall Goldsmith）在其畅销书中所讲的："今天不必以往。"从根本上说，成为一名领导者需要你放弃一些曾经让你成为一名成功的个人贡献者的技能和思维模式。

最理想的状态是，你的管理者会让你坐下来，谈论你的优势以及你获得晋升的原因，然后跟你解释展开全新的工作将需要做些什么。假使你没有得到这种建议，你还有这本书。在介绍每种做法时，我们会指出一个关键性的思维转变，而这一转变是领导者们为达成结果必须做到的。在下列表格中圈出最能体现你当下特征的那一项（不知道？去问一问你的团队成员，他们肯定会有自己的想法）。

做法	普通思维模式	有效思维模式
1.培养领导者思维	我依靠自己取得成果	我与他人一起并通过他人取得成果
2.定期进行一对一会谈	我进行一对一会谈是为了监督员工的工作进度	我会定期进行一对一会谈，目的是帮助员工建立——并且保持——敬业精神
3.引领团队取得成果	我会告诉团队成员应该做什么以及应该怎样做	我会帮助团队成员弄清楚"什么"背后的"为什么"，并且在"怎么做"方面为他们提供支持
4.建立反馈型文化	我提出反馈意见，以便能够解决员工的问题	我提出并且寻求反馈意见，以便提升整个团队的水平
5.引领团队应对变革	我控制并且限制团队的变化	我与团队一起支持改变
6.管理你的时间和精力	我太忙了，根本没有属于自己的时间	我必须管理好自己的时间和精力，才能成为一名富有成效的领导者

转换思维模式

我曾与业绩创纪录的销售员卡罗琳一起共事。有一天销售经理的位置出现了空缺，人们想都不用想就知道应该提拔的是她。每个人都以为她能实现从每季度达到（通常是超过）销售定额到帮助新团队的顺利过渡。

然而这种事并没有发生。相反，如果她手下的销售人员在与客户会谈时支支吾吾，卡罗琳就会冲进去，运用她非凡的销售技巧拿下这笔交易。她认为自己扭转了败局。她确实扭转了败局，然而只是在当天。她的团队成员并没有提高自己的销售技巧，因为卡罗琳不允许他们犯错，也就不会让他们有机会转败为胜。这是新手经理常犯的错误：依靠自己作为个人贡献者的技能——一旦遇到问题，就会自己大包大揽——而不是帮助团队解决问题并从中获得学习。在此过程中，你失去了新团队对你的信任。卡罗琳太过专注于促成交易的达成（她知道这是她擅长并且有能力做到的事），以至于她忽略了一个重要的现实：她的新职责不再是达到自己的销售定额——而是让她的团队达到这一目标。

普通思维模式	有效思维模式
"我依靠自己取得成果。"	"我与他人一起并通过他人取得成果。"

> **试一试**
>
> **为过去的工作举行一次葬礼**
>
> 如果你从以往的成绩中获得了太多的执念,那么你或许应该与之告别。把你的奖杯、奖品和证书统统装进箱子里。如果你真的有志气,就把它们带到安全的地方,一把火烧掉——也算是一种"火(经理)人节"。

成为领导者后,你需要改变自己对成果的定义,你需要从不同的角度看待它们。作为一名个人贡献者,你的成果就是你所做的工作。然而现在你是一名初级领导者,因此团队中每个人的成果就是你的成果。你首先要做的,不是单枪匹马去求取成果,而是与他人一起且通过他人获得成果。你仍然需要对你个人的绩效指标负责,但是它们现在应该退居到次要位置上,为的是确保你的下属员工能够达到他们的绩效指标,并且在此过程中,你的团队成员还能够不断成长、学习,甚至成为领导者。换句话说:你的员工就是你的成果。

你可能会想:"这些人又不是我招进来的!"但是,无论他们是你招聘的还是你接手过来的,你的一项工作是识别每个团队成员的才能、可塑性和潜力。你需要了解谁能够——或者不能够——达到你要求的新标准。但是在你解雇任何人之前,请记住,他们可能只需要一个能够考验他们、激励他们达到新的贡献水平的领导者。而那位领导者或许就是你。

如果卡罗琳不去冲到销售会谈中间扭转败局,事情会怎样?没错,她的团队成员会犯错误。某些生意可能做不成。但是她的团队成员却有可能会从错误中吸取教训(尤其是在她能够在事后提供反馈意见和指导的情况下),而且将来他们可能会获得更好的结果。同样重要的是,她会让自己的团队成员看到她信任他们,而不是像在对待需要手把手指导的菜鸟。这样做的结果是有可能会培养出更聪明、更老练、更自信的销售人员——一些能够集体达到销售目标的人(而不是每次都依赖某一个人来扭转败局)。

我们知道,出于安全性、质量和准确性的原因,某些行业和环境对错误的容忍度很小,甚至是零容忍。在这种情况下,领导者应与团队成员并肩工作,以便能够近距离地担当起责任和起到示范作用,但却不应替他们工作,或者遏制他们的发展。

> 在我的《人生算法:已被证实的使个人和团队变得更好的15个套路》一书中,我分享了一位领导者的例子。这位领导者与他人一起并且通过他人取得成果的有效思维模式为我们提供了一个典范。

有一位酒店管理人员掌管着一个拥有近4000名员工的庞大物业。据他称,自己犹如管理着一座城市,而不是一个酒店。我们公司与该酒店就领导力发

展问题建立了伙伴关系，因此他邀请我们的执行团队与酒店的客房、餐饮、工程、销售、餐宴承办等各部门的领导会面，讨论他们各自的工作成果。在他们进来之前，他发表了自己对他们每个人的看法，并且说了下面的一席话：

"我在这里工作了20多年，而且工作很出色。我曾多次有幸赢得'总统俱乐部奖'。但是现在该得的水晶奖杯我都得到了。我希望我的团队成员能赢得'总统俱乐部奖'以及别的奖项，然后，我希望他们能将同样的愿望传递给他们所领导的人。这就是我希望留给后来人的经验财富。"

而且这一切并非只是停留在口头上。当各部门经理到场后，他们显然知道自己的领导愿意让他们彰显自己。这是我参加过的最有收获、最有启发性的一次会议。它改变了我在如何托举自己团队方面所持的思维方式。

——托德

如果你还抱有一种依靠自己取得成果的普通思维模式，那么你应该彻底地承认你的工作已不再只关乎到你自己，而是关乎他人。现在的你应该忘掉过去的成功。你卓越的表现让你赢得了领导者的地位。"绕场一周"般庆祝一下。然后，忘掉它，专注未来的工作。

我的行动与洞见

稍事回顾一下本章所谈及的做法，并将最能引起你共鸣的洞见写在下面：

_____

_____

写下两三项你想要实施的行动。

_____

_____

_____

做法 1 工具

成为你的团队值得拥有的领导者

在阅读后面的其他做法时，心里要想着下面几个问题。整本书读完之后，你要用你所得的洞见制订出一份计划，将自己打造成为你的团队值得拥有的领导者。

你的团队目前需要什么样的领导者？你的组织需要你成为什么样的领导者？

你需要学习（或放弃）哪些东西才能成为他们需要的领导者？

想象一下10年后的你。你希望你的团队对他们生活中的这段时光说些什么？你和你的团队到那时将取得什么样的成果？你希望你的团队如何描述你的领导才能？

在接下来的几个月里，你需要做些什么以实现自己的愿景？

"了解你的团队"工具

亚伯拉罕·林肯有句至理名言:"我不喜欢那个人,因此我需要更好地了解他。"审查思维方式的唯一方法,就是将其与实际情况相比较。评估和提高团队集体能力的方法之一,就是更好地了解他们。

选出几个问题,然后在团队范围内每年一次(或者每当有新成员加入团队的时候)开展此项了解团队的活动。

这可不是巩固你的成见的一种策略,而是拷问你的思维方式的一次操练。事先向团队声明你的意图,然后鼓励他们根据自己的心理舒适程度尽可能多或尽可能少地分享他们的想法。

练习A:结对、分享、轮换。包括经理在内的每个人都与另外一个人组成一对搭档,然后从该问题列表中选一个问题问对方。当两个人都至少回答了一个问题之后,换另外一个搭档重复刚才的问答。如此持续轮换下去,直到每个人至少与其他人交谈一次。

练习B:集体交流。作为一个集体(或者,如果团队人数太多,可以分成两组或三组),大家坐成一圈儿,然后一个接一个地回答尽可能多的问题。应该事先确定团队成员需要回答全部问题还是部分问题,或者限制活动的时间。

1. 你有哪些背景可能是其他同事不了解的?例如,你的成长环境、家庭、文化或信仰。
2. 工作之余哪些事情对你很重要?例如,体育锻炼、社区服务、美食探店、放松身心，或其他爱好。

3. 跟我们讲讲曾经对塑造今天的你产生过重大影响的之前的一份工作。对于这份工作，你喜欢什么，不喜欢什么？

4. 谈谈你的一个目标。例如，与你当前职位相关的短期目标，长期的职业目标，或者个人目标。

5. 什么能让你从工作中得到最大的成就感？谈一谈激励你工作的动力。

6. 就你喜欢的沟通方式而言，你希望大家了解些什么？例如，电子邮件还是面对面交流，三言两语还是长时间讨论。

7. 就你处理反馈意见的方式而言，你希望大家了解些什么？例如，预定一个时间还是当下即刻处理，积极主动的对话还是旁观聆听。

8. 你喜欢哪种表彰形式？例如，书面还是当面，公开还是私下？你的偏好反映出你的哪些特性？

9. 你认为自己是内向还是外向？哪些情况会引发你内向/外向的一面？

10. 哪种类型的性格会让你感到心烦或者疲惫？你是如何学会与他们更有效地合作的？

你还可以随意添加与团队的文化、困难或专业知识有关的问题。你是否从中了解到了团队成员或者你自己身上的一些令你感到惊讶的东西？你现有的思维方式是否受到了挑战？调整它们会对你的领导工作带来怎样的影响？

做法 2
定期进行一对一会谈

几年前，我们公司有位名叫乔安娜的非常优秀的项目经理。她当时是远程办公，并且领导着一个初级项目经理团队。乔安娜注重培养团队的能力，每一季度都能达标，在财务方面也做得相当出色。这是一个你可以信赖的"低维护高效能"的好员工。

然后，她递交了一份辞职报告。

作为首席人力资源官，我放下手头的所有工作与她见面，并试图说服她留下。她是不是在别的地方找到了另一份工作？他们有更好的奖励措施？我们也能做到！

然而在我们谈话过程中，乔安娜明确表示，那些根本不是问题所在。在家里办公让她感觉与团队之间有种隔阂，而她的经理与她一对一交流时的谈话方式则更是雪上加霜。

"他人很不错，"她对我说，"但是我们谈话的时候，时间总是刚刚够他匆匆过一遍我的项目。他承认这些项目始终能在预算内按时交付，然后会议就结束了。从来都没有询问过我远程办公方面的困难，或者我接下来会对什么事情感兴趣。我知道他没有责任要成为我的朋友，但是我希望工作在一个能让我有自我价值感和归属感的地方——而不仅仅是一台机器。"

我同她的经理谈了这个问题,但是没有取得什么进展。他坚持认为,尽管自己很乐意能与每个团队成员有"闲聊的时间",但是他实在忙得不可开交。

作为最后一搏,我终于说服乔安娜转入另一个团队,这个团队来了一位有前途的新领导者。由于是位新手,这位领导者极其注重领导工作的基本原则。他会定期与团队成员单独会面,询问他们问题,倾听他们的意见。他没有忘记自己的员工都是除了工作之外还有生活的人。他会尽力吸引远程办公的员工,并鼓励团队进行互动和协作。

——托德

在证明一对一会谈是提高团队敬业度的最强有力的手段的同时,让我们首先来定义什么是"敬业度"。通过在富兰克林柯维的研究我们发现,员工的敬业度通常可以分为不同的层级,而且在整个层级范围内,处于上面的三层与处于下面的三层之间存在明显的区别。

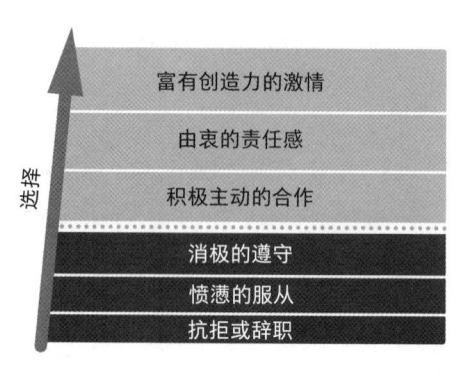

选择	
	富有创造力的激情
	由衷的责任感
	积极主动的合作
	消极的遵守
	愤懑的服从
	抗拒或辞职

请注意图中间的那条白线——这是关键。白线上方的团队成员之所以工作是因为他们想要工作，而白线下方的团队成员则是不得不工作。如果员工是处在消极的遵守或者更低层次上，那么你就不得不反复告诉他们该去做什么，因为他们不会自己主动去做。

尽管所有的领导者都希望达到这里的最高级别，但偶尔他们会说："有些时候，我会接受'消极的遵守'！"人们或许总是难以抗拒试图得过且过的诱惑，但是请不要安于现状——真正的敬业精神终究会有回报的。盖洛普始终注重员工敬业度与盈利能力、生产力、质量和营业额之间的关联性。

但是，让我们来谈谈一个常见的错误认识：事实上，敬业度不是领导者创造出来的。敬业度是员工自己选择的。领导者创造的是敬业度的条件——无论是好是坏。

从乔安娜的例子我们可以看到，仅仅靠薪资待遇并不足以激励团队成员在敬业度的阶梯上努力上进。奖金、职位、头衔、称赞，甚至最后通牒和威胁也都无济于事。这些手段运用起来或许会比较容易，然而其有效性也会很快消失。如果我们对一位下属承诺，只要他能赢得某个关键项目就会得到奖金，那么他的即时绩效可能会飙升。但是，下次如果我们还想要激励他们，则可能需要再支付一笔奖金。这在财务上是不可持续的，而且更重要的是，从长远来看，它也不会提高员工的敬业度。

> ### 试一试
>
> ---
>
> #### 评估团队的敬业度
>
> 　　根据你最常见到的每位团队成员的表现，为他们各自设定一个敬业度等级。你会把自己放在哪个级别？你的团队的平均水平在什么位置？如果将这个平均水平提升一个级别，会带来哪些变化？你是否会取得不同的结果？你有可能并不清楚每个团队成员分属于哪个级别，也不知道他们该如何在敬业度等级上提升一步。如果情况确实如此，那么有效的一对一交流就显得尤为重要了。
>
> 　　顺便说一句，不要把它当成只有你自己才能看得到的秘而不宣的想法。你应该将其与你的团队分享和讨论（当然是关于整个团队的敬业度，而不是个人的排名问题）。我非常喜欢这一模型，并且经常与团队成员一起利用它来判断我们目前所处的位置，以及应该采取哪些行动来提高敬业度。
>
> ——维多利亚

　　根据我们的经验，人们很少会因为薪酬的原因辞职。相反，他们辞掉的是自己的经理，或者是现有的文化。因此，创造条件让工作环境更有吸引力，是迫切需要考虑的事情。你是否让人能在轻松、愉快甚至是享受中完成工作，还是让工作因过于烦琐的程序而变得既难做又没有成就感？你是否会纠谬绳违，密切监视他们的进度？又或者，你会对同事不闻不问，全凭他们自己去解决问题？你是会赞扬员工，还是会让他们与被肯定的机会失之交臂？你是否会向团队成员提出大胆又体贴的意见？他们是否敢对你讲真话？对于想要取得成功的团队成员来说，你所创造的文化是否有足够的挑战性？你对他们相应的感受是否有所察觉？

我们经常认为文化是一种模糊的概念。然而，在每一次的互动、电子邮件、会议、演讲或文稿中，领导者们都在创造着文化。同时，他们也可以通过这些互动毁掉这种文化：背地里谈论别人，在电子邮件或文稿中使用不适当的语气，对人表现出不信任，对走廊里遇到的某个人不理睬，或者抱怨公司的政策。因为你是领导者，所以大家会注意你。你的每次沟通，每次张口说话，都是在创造着文化。而一对一互动正是你构建和强化每个团队成员都值得拥有的文化的一个最佳工具。在战略计划和执行的条件下，一对一交流无疑是创造高敬业度环境的最佳方式，同时也是确保团队成员在沟通时能够将你视作领导者的最佳手段。

普通思维模式	有效思维模式
"我进行一对一会谈是为了监督员工的工作进度。"	"我会定期进行一对一会谈，目的是帮助员工建立——并且保持——敬业精神。"

不幸的是，一对一会谈最后往往会变成了解最新情况的谈话（如果真的有一对一会谈的话）。它们成了用来检查员工工作进度的机械而死板的谈话："你上周做了什么工作？你这星期在做什么工作？很好。下一个！"

如果我们与团队成员的重要交流被用来检查他们是否达到关键指标，那么我们就成了团队的监督者。你或许可以通过这种方式获得逐步的改进，然而你却很有可能在让人们变得心灰意懒，破坏他们的创造力，驱使他们敷衍了事。

托德故事中的领导者仅仅做到了监督进度，却错过了机会去发现，乔安娜真正想要的是与同事的交流而不是再想要一份奖金。他认为自己没有足够的时间进行较深入的一对一谈话，因此从短期看，他每周节省了30分钟的时间，而从长期来看却失去了一位最优秀的员工。

与之相反，有效的领导者会借用一对一的方式为员工提供指导。通过定期与每个团队成员会面，借助开放式的问题和共情式的倾听引出问题，以及帮助员工解决问题，这些领导者们为提高敬业度创造了条件。

在有效的一对一会谈中，你可能会听到类似下面的话：

"有一位同事妨碍了我的进步。"

"我的个人生活快崩溃了。"

"我对自己的职务感到厌倦。"

"我有一个好主意，但还没有来得及认真思考。"

"我演讲时非常紧张，我需要帮助。"

"我不确定你想要什么。"

由于上述信息的披露，一对一会谈会比其他类型的会谈更具风险性，同时也要求采取不同的技能。如果我们能够事先做好准备，并且在一对一会谈过程中提供指导，我们就能够发现困难，解决问题，检验新的想法，庆祝成功，激励成长。

技能1：为一对一会谈做好准备

首先，让我们制定一些针对一对一会谈的最佳做法。提前将它们设置为重复性日历预约事件。力求在相同的日期和时间与每个团队成员会面。预留30分钟的时间，因为在较之更短的时间内很难进行有意义的对话。定期举行一对一会谈（黄金标准是每周一次），并且尽可能遵守会谈的日期和时间，而不要变更预约。

除非绝对必要，否则不要取消。取消一对一会谈是一种后果严重

如何表达

公布一对一会谈并与团队一起设定预期目标

可以考虑发布如下的一份团队声明：

我计划与你们当中的每一位进行一对一会谈。对此我会认真对待，以确保会谈能够有意义，并且能有具体的时间安排：每周一次或每月两次，时长大约30分钟。这些会谈不会取代员工会议。其目的是让大家表达自己关切的问题；告诉我你在自己的职务、组织和个人发展方面的感想；也可以是向我寻求帮助。对于会谈期间我们能够解决的问题要实事求是。平均80%的会谈时间我会用来倾听、指导和帮助你们解决问题。

> 我希望你们能帮助我预约会谈时间并且将其坚持下去。如果有任何一方对其不够重视，就会有各种磕磕绊绊。我们需要事先的相互谅解。可能有时不得不取消，但我会尽力不取消会谈。总体上看，我们正在朝着新的方向发展。重要的是，请记住，这会谈是你们的，而不是我的。请诸位认真考虑将精力集中在有助于你促进的事业、技能和敬业度的最高附加值的事项上，同时这些项目也能够让你感觉到自己是一名成功的团队成员。
>
> ——托德

的撤回行为——它清晰地向团队成员传达一个信息：他们并不重要。有了这个开头之后，取消第二次、第三次和第四次一对一会谈将变得非常容易。进行第二次一对一会谈或许比第一次更为重要。第三次同理。一旦开始，必须坚持。

我的一位好朋友德鲁给我讲述了他到一家新公司上班的经历。上班第一天，他的新老板与他交流了一番，说他多么有才干，他的角色有多么重要，以及她多么高兴他能加入他们的团队。她还说，德鲁的成功是她的首要任务之一，因此她希望每周会谈一次作为对他的支持。

他们首次会谈的日子到了。德鲁不亦乐乎地忙着准备问题和想法。然而那天早上，老板的助理打来致歉电话通知他会谈改期，因为不巧发生了件重要的事情。德鲁很失望,但是他表示理解,并且期待下一次的会谈。

但是第二个星期,德鲁又接到了助理打来的另一个致歉电话。

而且毫不奇怪——同样的事在接下来的一周又发生了。很快,几个月过去了,除了员工会议之外,他依旧没有与那位经理单独会面。

德鲁从他的同事那里得知这是一种常态,而且他也不应该指望会有所改变。新角色给他带来的兴奋感减弱了,他的士气低落到了让他想到要辞职的程度。他没有辞职,而是听任自己每天只是完成自己该做的事情。

被取消的一对一会谈发出了一个明确的讯息:德鲁并没有优先重要的地位,他的敬业度也根本不重要。

你的团队中是否也存在一些德鲁或有可能成为德鲁的人?美好的意愿也不过只是……意愿。贯彻到底才能真正有效果。现在,确定出你打算在团队成员心中设定怎样的期望值,并且确保能够实事求是地看待自己履行这些承诺的能力。低度承诺,超额兑现,总比反过来要好。在承诺团队成员是首要任务时,一定要做到言行一致。

——**托德**

———

当你自己的上司有急事找你的时候,你通常会有取消一对一会谈的冲动。主动判断一下你的上司最有可能会在什么时候"征用"你的时间,然后看看你是否能将自己的一对一会谈安排在他们去参加一个不太可能被取消的会议的时候(这样他们就无法"征用"你的时间了)。

根据你们的文化以及你与领导者之间的关系，你或许还可以考虑更谨慎的措辞，问领导这样一个问题："我在那个时间和蒂娜有一个例行的一对一会谈预约。你希望我取消与她的预约吗？"深思熟虑会让你更全面地考虑到有可能出现的诱惑及干扰性因素。制定一个日程表。提前整理你的思路，同时要求你的团队成员也这样做。避免反复谈论同一件事情。

有用的工具

有用的工具：一对一会谈计划表

有时侯领导者们认为他们应该用心了解每一件事情，绝不能错过任何细节，而且还要将这些表现呈现给团队成员看。我会经常建议领导者们利用工具和资源来辅助自己，而且不要害怕让团队成员看到他们在使用这些工具。要知道，这种为达目标而注重准备工作和自我学习的文化，正是你通过利用工具和资源的方式创造的。在会议召开之前，我通常会写下我想问的关键问题和最重要的要点。我从不会试图掩饰这一习惯。相反，我会经常与团队分享。我这样做便是定下了一个基调：我希望我的团队成员也这样做。

在本章的最后部分，我们为你和你的团队成员提供了一份一对一会谈计划表。该表已得到了成千上万的领导者们的实践检验。你既可以按原样照搬，也可以为你的团队改制一份。

——维多利亚

不要忘记，会谈的目的是提高团队成员的敬业度。让他们参与到日程的制定中来，或者请他们主导日程的制定。形式可以是多种多样的——有时你们当中的某一方或者双方都要填写一份日程计划表，就像在本章最后部分提供的那种日程表；有时由你来主导日程的制定，有时由他们来主导。无论采取哪种结构，都要记住，其核心意义在于提高他们的敬业度。一个永恒不变的真理是：你们绝不会有多余的时间，所以要切实考虑优先事项，把最重要的事项放在首位，包括最需要对话、评估或头脑风暴的问题。

管理自己的精力。丹尼尔·平克（Daniel Pink）在最近的畅销书《时机管理：完美时机的隐秘模式》中，讨论了理解精力高峰、低谷和复原的概念。问问自己，你精力、智力和体力在一天当中的哪个时刻处于最高峰？什么时候处于最低谷？我意识到自己的高峰时期是从上午5:00到上午10:00，这是我尽力进行创造性思考和协作的时段。我会以疯狂的速度实施那些想法，直至上午11:30，此时我的全部念头都集中在午餐上。我的低谷时段从下午1:00开始到下午3:00，然后是一阵精力的迸发，直到下午6:00。

既然我了解自己的这一特点，我就绝不会将一对一会谈的时间安排在下午4:00之后。因为此时我已精力不足，而且我还想回家呢，所以，我需要将一对一会谈的时间安排在上午8:30到10:00之间，以便我能给予团队最优质的关注和训练，而且取消会谈的可能性也最小。不要将一对一会谈安排在你的精力已经耗尽的时候，也不要没有任何间歇地连续安排。当然，你永远都找不到最佳的时间，但同时也要考虑团队成员精力的状态。尽管我们通常会建议你尽量让每次约定的时间固定不变，但是如果你的精力需求与会谈对方的需求之间存在冲突，你可能应该调整一下会谈的时间。

针对远程一对一会谈进行调整。如果团队的部分或全部成员都离你较远，那么你应该修改你们的一对一会谈日程计划，缺乏日常的面对面互动，很容易会让你失去感知对方当前状况的细微线索。你很可能需要更多的时间用来交谈，倾听他们所关切的事、所遇到的问题和取得的进步。

> ### 想一想
>
> #### 一对一会谈从长远看可以节省时间
>
> 你可能会以为，在你的日程中添加每周一次的与团队成员的一对一会谈为你增添许多额外的工作，占用了你很多额外的时间。然而，定期的一对一会谈实际上可以为你节省时间。这或许是避免因没有定期与团队进行沟通而造成的干扰性事件和紧急任务的理想解决方案。
>
> ——维多利亚

我最近正为一位客户做咨询工作，这位客户有一个工作地点离他们很遥远的团队成员。这名团队成员每年和她的团队会面三到四次。我问她不做朝九晚五的上班族后在家工作的感觉如何，她说："我喜欢这种灵活性，但有时安静也会让人失聪。"

· 将一对一会谈拆分开，分配至数日进行。尝试安排更短、更频繁的一对一会谈，这样会议之间的时间就会缩短，而且会有更多的机会用来解决新近的问题。

· 尊重时差。在安排时间时，一定要体谅到你的团队成员目前所处地区的时间——以及这一安排会对团队成员精力的高峰、低谷和复原带来怎样的影响。

· 使用面对面的工具。领导者需要意识到虚拟成员内心可能会存在的孤独感和缺乏归属感。一个人坐在餐桌旁是很难创造文化的。尽可能通过视频进行虚拟的一对一会谈，以便你可以看到他们的肢体语言和面部表情。不要低估与远程员工进行视频会议的力量——它有可能会决定一个员工是愿意继续融入你的文化，还是选择离开。

想一想

利用视频提高敬业度

我最近正在同一位经理一起为某一位团队成员制订绩效计划。其中的一个问题是该团队成员的敬业度。这位经理注意到，在与许多远程工作的团队成员进行的每周一次的团队通话期间，这位员工是唯一一个不用视频参加此类通话的人（她只用音频）。尽管这事听起来无关紧要，然而它确实降低了敬业度，而且这位经理也弄不明白，

> 那位员工的现场参与情况究竟如何。
>
> 　　视频的好处不仅仅是它的便捷性。在当今的虚拟工作时代，它已经越来越成为人与人之间相互交流的常规方式，因此不要对此掉以轻心。记住，如果你不用视频，那么你就会失掉通过肢体语言和表情所传达的很大一部分信息。
>
> 　　你应该树立起一种文化，鼓励所有远程工作的团队成员都以视频的方式参加虚拟会议——而且要以身示范。
>
> ——托德

　　讲几句实在的话。如果能够正确、有系统性地实施，一对一会谈能够改变你的敬业文化。但是，如果做得马马虎虎，或者更有甚者根本不去执行，那么这些会谈也可能会毁掉它。

　　你应该认真考虑如何能够和缓地启动这一做法，因为它截然不同于一年一度或者每季度一次的绩效评估。最近在同一个客户合作时，我向团队的领导克里斯介绍了定期举行一对一会谈的做法。他立即意识到这是一次增长业务的机会，同时也有助于他的30人团队与他这位领导之间的沟通，并且很兴奋地要在第二天向他的团队宣布。但我警告他："克里斯，对于宣布每周一次与每个团队成员进行一对一会谈这件事，你一定要慎重，因为如果你和大多数领导者没什么两样，那么你就一定会过度承诺，让自己筋疲力尽，最终开始取消会谈。而这实际上将会有损于团队对你的信任。"

如果你有可能无法信守承诺，那么你就不应该自己给自己挖坑，向所有人宣布一对一会谈计划。日历一打开，现实就会闯进来。经过一番简单的思考，克里斯做了重新调整："好吧，那么我究竟能做到什么程度？每月一次可以吗？"每月一次也100%超过他当下的次数。正如他认识到了定期进行一对一会谈的重要性，克里斯也认识到了不可过度承诺的重要性。

定期进行一对一会谈需要一定程度的纪律性和毅力，能够经受得住持续不断的紧急要求、干扰事件和自己上司的需求的考验。对于由老板召开会议处理自己的优先事项这一传统思维模式来说，这是一种挑战。你或许一直渴望能与自己的领导有这样一次会谈，然而他们并没有为此抽出时间。你需要唤起自己的成熟、耐力和愿景来决定成为你的员工所需要的那种领导者，而不是以你可能遇到的那种领导为转移。

不要低估这些会谈的难度，但也不要低估了它们的影响力和回报。你将需要不断修改自己对会议期间所发生事情的想法，你的角色及对方的角色，你的倾听时间与说话时间，以及因你的爽约而造成的损害，而这一点也许是最重要的。你的守约不会让你得到褒奖，但是如果你取消它们，则会让你背上失信者的罪名。

要周密谨慎，要不断调整，要实事求是。不要过度承诺。尽管我们建议每周举行一次这类会谈，但是你的节奏应该取决于你的日常工作，你的下属的人数，你的其他承诺，以及你的上司的要求。如果你的团队规模很大，则或许可以每两周或四周举行一次，这样你就不会在承诺的重压下崩溃。

技能2：做好一对一会谈期间的指导工作

在本做法中，我们从对员工的监督转向对员工的指导。这就要求你不要再去告诉别人做什么，而是询问他们自己打算如何去做；从大包大揽解决一切问题，到帮助员工去发现解决问题的办法；从检查任务是否完成，到提出有意义的问题——而且要认真倾听他们的回答。一旦你完成这种转变，你就会从指挥和通知转向启发和让对方感兴趣。

指导工作意味着要尊重团队成员的能力，并相信他们有成长的能力；意味着要鼓励他们去解决问题，用新的方式思考问题，并且提高自己的才能。一些同事会由于缺乏信心而抗拒解决自己的问题。指导工作就是要建立起这种信心，最大限度地减少依赖性。

> **想一想**
>
> ——
>
> **从他们的角度出发**
>
> 我曾在自己的职位上进行过许多次一对一会谈，而且许多会谈相当敏感。每次会谈之前，我都提醒自己尽量站在对方的立场思考。

> 我会认真思考我们将要讨论的主题，并尽量"从他们的角度出发"。我用这句话来讲，是为了牢记自己真的希望与他们交流。但这并不意味着我打算在每件事上都赞同他们的观点，而是说我会努力站在他们的角度看待问题，进入他们的思想架构。"不知道格雷格是如何应对最近的个人晋升的。我知道他认为自己手下有太多的平面设计师，而且经常无法按时完成任务。他是否感到不知所措？"
>
> 会谈之前事先对其认真揣摩能够帮助我产生同理心，并且找出帮助会谈对象解决问题的方法。一些领导者会说，这感觉太机械了。如果这是件你以前没有做过的事，一开始你可能会觉得很笨拙。但是，如果你的目的是培养自己的团队，那么它很快就会变得很自然，并且能够让你积极地影响那些你所领导的人。
>
> ——托德

要想做好指导工作，你必须全神贯注于当下。无论你是举行现场会议还是虚拟会议，都应尽可能消除干扰。合上笔记本电脑，让所有的任务消失在视线之外。抵御自己看手机或者每次振动时就看它的冲动。

全心全意地关注某个人（这在当今已经非常罕见）能够表示出对团队成员深厚的敬意。会议开始时，我建议你主动将手机设置成静音并且把它收起来，以示你的全部注意力都放在他们身上。在一个人面前也确实要这么做。这或许显得有点做作，但是在接下来30分钟内，它实实在在地告诉对方，他是你的第一要务。

> 当工作和家庭压力特别大的时候，我仍然做到了如约与团队成员进行一对一会谈。我为此感到自豪。不过说实话，尽管我的人在那里，但我却是心不在焉的。我是在"检查任务的完成情况"。我以为自己隐藏得很好。

但是，当我向团队成员询问有关上一季度一对一会谈的反馈意见时，其中的两个人告诉我，说我看上去有心事，有些心不在焉。

我没能全神贯注而且还被人看得清清楚楚，这令我感到十分尴尬！但这不是真正的问题。我不需要学习用来隐藏自己心事的更好的妙招；我需要一种用来保持专注并给予团队成员应有的关注的策略。

自从收到那种反馈意见后，我每次进行一对一会谈之前都要花上10分钟的时间来回顾上次会谈的笔记，关闭我的电子邮件通知，将手机设置成静音。经过几次深呼吸和安静的时间进行思考和集中精力之后，我在会谈过程中更加有现场感了。我的团队成员也注意到了这一点。

最后应该针对一对一会谈是否带来了附加值征询反馈意见，并且讨论会谈双方能够如何对其进行完善。

——维多利亚

尽量事先处理好会谈期间可能会发生的紧急情况，并且告知周围的人不要打扰会谈。在一对一会谈期间，员工可能会变得情绪化，而你最不希望发生的事就是让他们感觉到在情感脆弱的那一刻会有人走进来。如果你们会谈的地点是在一个开放式空间或者有玻璃幕墙的办公室，那么在会谈之前要为保护隐私做好准备。或许可以把纸巾隐蔽地放在旁边。小小的体贴会带来大大的感动。员工会记住你对待那些时刻的方式。

提出指导性问题

指导性问题应该是开放式的，不能用简单的是或否来回答。这些问题能激发深刻的思考，鼓励团队成员多表达，进而解决自己的问题。

·不要问："你喜欢自己的工作吗？"	·而应问："你喜欢你职责的哪些方面？你希望在哪些方面有所改变？"
·不要问："一切都好吗？"	·而应问："你目前面临的最大挑战是什么？"
·不要说："我是这么做的……"或"你是否考虑过……"	·而应问："你上一次是如何处理这种情况的？你为什么认为那样行得通（或者行不通）?"

在本章的最后，我们汇集了一系列范围广泛的指导性问题（例如，帮助团队成员自主解决问题，突破一对一会谈的常规，摆脱难解的问

题）。在进行一对一会谈之前，你可以将其中最相关的问题填入到你的准备工作记录或者议事日程中。这当中的任何一个问题都可能会占用你整个的一对一会谈时间——而这完全没有问题。顺其自然，让对话进行下去。

想一想

指导以前的同事及其他聪明人

你可能会发现自己要管理一些曾经是你的同事的人，这在一开始会很不舒服。面对团队里的旧同事或者资历老的员工，我犯过一个错误，就是以为他们不需要我，而且我甚至会想，如果我问他们是否需要我的帮助或者建议，会给人一种居高临下的感觉。

特别是有一次，我是真的失败了。一位新来的成员资历相当深，我于是料想她能够独自完成工作，而无需我的任何帮助或指导。然而结果却是两败俱伤。由于我的期望值过高，她便不好意思寻求帮助，而当我意识到这一点时已是为时过晚，而她已是身陷困境。

如果你只是传达这样一种信息："我对你有很高的期望"，那么人们就会相信你是指望他们一切事情都要自行解决。我本应该和这位资深的员工一起坐下来，弄清楚她在哪方面更愿意自己处理，而在哪方面需要我的支持。

从那以后，当我雇用其他经验丰富的人员时，我就会花些时间对他们的知识和信心进行分析和判断。我不会依据他们的简历做出

> 任何假设。我会花更多时间试图了解他们需要多大程度的指导。我也很谨慎地让他们相信，我是来为他们提供支持和指导的，而他们应该把我当成是用来咨询意见的人。
>
> 如果你只是问团队成员是否需要支持，那么很多人都会说不需要——除非你已经让他们相信，你之所以存在，就是为了支持团队。
>
> ——维多利亚

首次进行一对一会谈时，如果不经过一些训练，你将无法很自然地从监督结果、提供方案的这种传统的会谈方式中切换到指导的模式。尝试与一位同事进行角色扮演，练习将自己在对话中的讲话时间从80％降至20％，从主导谈话转变为顺应谈话，从解决问题转变为提供指导。

移情聆听

我与艾莉森共事有十多年了。在与她的一对一会谈期间，她开始向我谈起一个难题，而我碰巧对这一难题相当有激情。我立即转入解决问题的模式，滔滔不绝地谈我的看法，对她不停地盘问，然后不等她回答我自己就给出了答案。最后艾莉森气愤地说："如果你闭嘴，我就告诉你。"

我于是戛然而止。我都做了些什么？我违反了一对一会谈的每一条原则，又致使我的一位最高效（也是最有礼貌）的团队成员勃然大怒。而且她完全有理由这样做。

倾听是一种被极大地低估的领导能力。我们被教导要重视信息的清晰明了，沟通时要充满信心和说服力，要掌握一些所使用的特定词语。我们至多只是口头上认可"闭上嘴巴听人说话"的价值。对于一位领导者，这种做法是与通常的习惯相左的，因为我们通常是把整个工作的时间都用在了讲话上：设定一个让他人愿意去追求的愿景，说服他人，指导他人。这些事情不说话很难做到。

> **想一想**
>
> **插话的危害**
>
> 史蒂芬·R. 柯维在他的开创性著作《高效能人士的七个习惯》（The 7 Habits of Highly Effective People）中指出，有四种类型的倾听方式阻碍我们成为更具同理心的倾听者：
>
> - 不重视：根本没有在听。
> - 假装在听：作出一些机械式的反应，比如，"是的。嗯。对。"
> - 有选择性地听：只听与我们有关或个人重视的谈话内容。
> - 机警地听：注意力只放在词语上（这种做法听起来不错，但是你是否理解它们究竟是什么含义？）。
>
> 我们觉得应该把插话这一项也添加到上述列表中。尽管研究表明，在某些情况下可以利用插话来拉近与他人之间的关系，但许多人感觉这是一种很自私的行为。对他们来说，这表明你倾听只是为了

> 准备你自己的回应。我个人习惯于替别人把话说完，以表达我的兴奋和理解，直到有一个勇敢的同事指出这种做法实际上很令人讨厌。我努力地寻求改变，而直到今天，有时我觉得自己还是有种想替别人把话说完的冲动。但是，幸亏我同事的提醒，我再也不会那么做了。
>
> 你是否曾经掉进不听别人讲话的陷阱？你是否知道自己没有在听讲？你是否对此征求过反馈意见？询问一个值得信赖的朋友或同事，他们会如何评价你的倾听能力。一定要让他们知道，你是真心实意地想要提高自己。询问他们如果你想要成为一名优秀的倾听者以及他人的意见咨询者，你应该做出哪些改变或采取哪些不同的方式。然后，记住你学到的东西。如果你习惯于话多，那么制作一个提示你多倾听的实物会有所帮助，比如电脑显示屏上的便签（或嘴上的胶带）。我已经就我的倾听能力多次征求他人的反馈意见，这对我有效地倾听和理解他人的能力产生了巨大影响。
>
> ——托德

倾听是一件难做的事。它要求你暂时不去考虑自己的需求，而是去深入了解他人的需求。它需要你有自制力、纪律性，并且真心想要理解他人的观点。倾听需要你在乎别人。

在当今崇尚炫耀的世界里，倾听常常被视为一种弱势。讲述——时下才是一种强势。例如，TED演讲就是建立在讲述的基础上的……而且基础更加牢固。

下面我介绍一个多年来一直对我有助益的倾听技巧，这一技巧是在著名的乔治敦大学语言学和传播学教授黛博拉·坦南的原始版本上改进的。当别人讲话时，有意识地闭上嘴，并确保嘴唇互相接触（是你自己的嘴唇互相接触，而不是你的和别人的）。如果你的上嘴唇和下嘴唇互相接触，那么你就无法说话。试试看——你的确无法说出一个字，因此你也就无法打断别人说话了。不要过分夸张。只需闭上嘴，轻轻地让嘴唇接触，然后倾听。

还有一些其他的要求。当对方结束讲话后，双唇合拢，数到三，甚至五。如果你保持沉默，那么对方很有可能会继续说话。而正是在这"第二轮"的倾听过程中，对方才有可能会详细讲述他们重要的、相关的，甚至是感人的观点。

我坚信，要想成为一名更好的倾听者，第一步就是停止说话，并杜绝或者哪怕只是减少自己插话的次数。

———

我曾经领导过一个多元化的团队，团队成员来自几个不同的国家，而在此期间我知道，我的真正理解他人的能力将会是我们成功的关键。在一对一会谈期间，我会有意识地通过保持缄默来了解各种问题的实质。

我甚至无意中听到团队里的一位成员对另一位说："进她办公室以后，你最后说出的话总是会比预想的多。"我的目标不是发现员工的秘密，而是理解他们的观点。是什么激励了他们？他们为什么以那种方式行事？什么样的经历让他们获得了自己独特的见解？

我的甘于缄默给予我的团队成员用于思考、探究和分享的空间。它让我有时间去深入地聆听，让重要的问题自然而然地浮出水面，进而让我的视界能够更广阔，成为一名更好的教练和领导者。

我学会了利用缄默来更好地沟通。能做到这一点还是需要一定的功夫的，因为我平常是个很健谈的人。但是当我被团队冠以"沉默女王"的绰号时，我便证明了领导力和沟通是可以习得和培养的技能。

——维多利亚

让我们对比一下移情聆听和插话，或者对比一下倾听与理解他人的意愿。移情聆听的本质不是要你赞同对方，而是要你在情感和理智上充分而深刻地理解对方。让你自己的思想暂停，以便你能够进入另一个人的思想架构，并且透过它往外看，试着真诚地以他们的方式看待这个世界。你理解了他们的思维方式，并且开始了解他们的感受。

移情不是同情。同情是某种形式的共识，有时也适合上述情况。但是有些人会依赖同情，而这会使他们更加依赖于……你。

移情聆听要求你不仅要注意他们在说什么，而且还要注意他们的肢体语言。你要去倾听感觉、含义和行为。然后，检查你的理解是否正确：

"那么你的意思是……"

"容我确认一下我有没有听对你的话……"

"看上去这件事让你很苦恼。对吗……？"

注意不要过度使用这类表达方式。使用的时候一定要真诚，否则这些话可能会显得太过做作，或者像是在摆弄技巧。关键是要努力理解对方的观点。优秀的领导者在对话结束后依旧如此。他们会从一对一会谈所听到的内容中概括出共性的主题，基于这些对话设定目标，并做出相应的改变。如果你能将一对一会谈视作一种持续的对话，而不是一个历时30分钟的赴汤蹈火，那么你的一对一会谈结果就会大有改善。

———

最近，一个团队成员针对一个严肃的问题咨询我的建议。我认真倾听并帮助她找到了解决问题的办法。那是一次美妙的、真正意义上的1小时指导性聊天。她走的时候很开心。

第二天，同一部门的另一个人也想要与我交谈。我当时没有时间，但是他开启话题的方式与前一天的那个人非常相似。我想："嘿，我可以帮助他，因为昨天我已经解决了这个问题！"他几句话就触发了我的全部回答。我给了他同样的建议，然后便急匆匆地赶赴我的会议。

只是因为我和他关系很好，我才发现我的建议导致了彻底的失败。我不得不道歉，回头重来，并且真诚地倾听。当然了，我了解到他遇到的是另外一个问题，而且需要给予不同的建议。我应该安排一个单独的时间来倾听他讲述，而不是去挽回我因试图快速解决他的问题而意外造成的损害。

许多经理说当自己压力大或者有负面情绪的时候，就会在倾听方面表现得很差。而我实际上是在精神亢奋的时候不能好好倾听。我会直奔解决问题而去——尽管那根本不是需要解决的问题。

你在哪种情况下容易退出收听模式呢？

——维多利亚

史蒂芬·R.柯维博士说："人的内心最深层的需求是感到被理解。"下一次对话中如果对方情绪激动，你应该放慢节奏。倾听对方真正在说什么。开阔自己的心胸，透过另一个人的思想架构来观察事物。

做出承诺

我经常遇到的针对移情聆听的消极反应是"我不想成为办公室里的心理治疗师"或者"移情聆听什么时候结束？我们什么时候能最终解决问题？"

尽管倾听显然是必要的（也是大多数领导者感到困难的部分），但是一对一谈话还需要你表达见解、想法，以及用以指导、支持和培养团队成员的思想架构。

例如，我的一个团队成员开始为无法达到目标而感到沮丧。通过在我们的一对一会谈中认真倾听，我察觉到了他的挫败感，于是我们讨论了这种挫败感对他的敬业度带来了怎样的影响。但是我并没有就此止步——我们还制订了一个计划来提高他的销售拜访技巧，从而帮助他实现目标。仅仅靠倾听是不够的；他还需要实践经验方面的指导和建议。

指导不仅仅只是问问题和倾听；它还要让彼此对所讨论的内容负责并且采取行动。如果你整个一对一会谈的重点是敬业度问题，那么你的团队成员应该感觉到自己肩负的责任，并且对实现目标的前景感到兴奋。

做总结的时候，回顾一下员工上周的所有行动事项。如果他们没有完成上一周的承诺，那么你应该认真倾听，了解原因，并指导团队成员进行下一步的工作。要在问题还没有变得不可收拾之前及时处理，然后商定后面的步骤。不要陷入告诉团队成员该做什么的陷阱；要让他们明确地表述出自己的承诺。你将在做法3中学习到如何有效地授权，以及如何在事情不顺利（例如团队成员不断错过最后期限）的情况下给出反馈意见。

为团队成员扫清道路是帮助他们的一种方式：消除官僚作风的繁文缛节，帮助团队成员与某个联系人建立关系，或者让一个始终接洽不上的人做出回复。这对于完全不熟悉你的技术专长的下属们来说会尤其有帮助。询问他们"这周我能为你提供哪些支持？"或者"我可以提供哪些资源？"然后切实地履行。信守你的承诺与员工遵守他们的承诺同样重要。

> **有用的工具**
>
> 你可以在本章末尾的"指导性问题工具"中找到帮助你制定承诺的具体问题。

我的行动与洞见

稍事回顾一下本章所谈及的做法,并将最能引起你共鸣的洞见写在下面:

_____

_____

_____

_____

写下两三项你想要实施的行动。

_____

_____

_____

_____

_____

做法 2 工具

一对一会谈计划表

你可以利用下面的几份工作记录表来为一对一会谈做计划,也可以根据实际需要对其进行修改。这些记录表将会帮助你在下一次一对一会谈过程中提出有意义的问题,让会谈时间对双方都更有价值。

除了能帮助你为一对一会谈做准备之外,这些工作表还可以帮助你保存对话记录。许多管理者过于繁忙,或者有太多的下属员工,以至于他们常常会忘记上一次在会谈中说过的话。如果你记不得上星期说过的话,那么你既浪费了时间也失去了动力。

管理者使用的一对一会谈计划表	
团队成员姓名:	日期:
近况了解、发展目标及反馈意见	
上次一对一会谈的结果及后续事项:	
会谈对象的总体发展目标:	
目前的发展重点:	
重申我想要提出的反馈意见:	
重新调整我想要提出的反馈意见:	
我希望征询下属的反馈意见:	
我希望了解的项目或任务:	
我想要问的问题	

团队成员使用的一对一会谈计划表

日期:	
挑战，机遇与支持	
上次一对一会谈的结果及跟进事项:	
我目前面临的最大挑战以及管理者或许能帮助我的方式:	
我目前最大的机会以及关于后续行动的想法:	
我的管理者应该知道但却不知道的事:	
我希望讨论的其他任务或项目:	
发展目标和计划	
对发展目标实现进度的评价:	
我希望征询管理者反馈意见的事项:	
本周我希望重点关注的发展领域以及管理者能够为我提供的帮助:	
我对管理者提出的反馈意见	
重申我想要向管理者提出的帮助其改善工作的反馈意见:	
重新调整我想要向管理者提出的帮助其改善工作的反馈意见:	

指导性问题工具

这些开放式问题可以与一对一会谈计划表配合使用：

评估团队成员的参与度

个人

- 你对自己的工作角色有何感想？
- 你感觉自己在哪方面正在提高或者没有提高？为什么这么说？
- 你对目前所从事项目的哪些方面感兴趣，为什么？
- 就你目前的工作而言，哪些事情是你最喜欢/最不喜欢的？
- 你认为你最不喜欢的事情对你的整体业绩有怎样的影响？
- 你感觉目前职位的哪些方面比较顺手？
- 你希望看到哪些方面的改变？
- 你目前职位的哪些方面能够让你发挥自己的技能和才干？
- 哪些方面让你感到困难重重或者无法充分发挥你的潜力？
- 换一种方式你可能会怎样做？
- 如果下个月你可以从事任何一项工作，你希望做什么？
- 能够让你的工作更令人满意的一件事是什么？为什么？
- 你希望在哪些方面得到更多反馈？

团队

- 你会如何描述团队的个性？什么样的人适合在这里工作？什么样的人能为团队增添一些目前缺少的东西？
- 我们怎样才能促进团队合作？
- 你是否希望看到团队在一些方面有所改变？如果有，为什么？

管理者

- 你觉得我在哪些方面支持或没有支持你？
- 在帮助你取得成功方面，我有或者没有哪些行动？
- 我在哪些方面能够为你清除障碍，以提高你工作的趣味性或者减少其复杂性？

引出问题

- 你能否较详细地谈谈那个特定问题？
- 你对在此期间的经历有何感受？
- 它对你有何影响？
- 你认为导致这种情况发生的原因是什么？

指导团队成员解决问题

- 你目前的首要问题是什么？
- 到目前为止你都尝试过哪些方法？

- 你能从以往的成功中借鉴过来哪些想法？
- 你尚有哪些方法未曾尝试过？

支持职业发展

- 你最引以为傲的工作项目有哪些？你下一步有可能要做些什么？
- 你希望在工作中学习哪两三种新的技能？你对这些技能的哪些方面感兴趣？
- 你认为未来自己还能担任哪些其他角色？你希望探索哪些新的领域？
- 如果你打算创建一个理想的职位，它与你目前的工作有何不同？

了解面临的困难

- 你目前面临的最大挑战是什么？我为此能提供哪些帮助？
- 在过去的一周中，工作在哪些方面让你感到最受挫或沮丧？我怎样才能帮助你处理这些问题？
- 你对目前项目最关切的是什么？

深入了解某项目

- 该项目的哪个方面让你特别感兴趣？
- 该项目的哪些方面让你感到受挫？
- 我能做些什么来让事情更具可控性？
- 针对该项目，你认为在哪些方面我应该了解但却可能并不了解？

查看某项变革的最新情况

· 你对尚未得到处理的这项变革有何关切?

· 在新状况中有哪些方面进展顺利,哪些方面不顺利?你认为造成这种现象的原因可能会是什么?

· 新的状况给你的工作带来了怎样的影响?哪些方面有可能妨碍到了你的效率?

促进一对一会谈的连续性

· 你在我们上次讨论的下一步行动中取得了哪些进展?

· 在我们上次的一对一会谈中,你提到你希望在 X 方面有所提高——情况进展如何?

· 在未来几周内你希望在哪些领域有所发展?

摆脱让人感觉无效或陷入困境的一对一会谈

· 你希望我们的这些讨论有哪些变化? 我们怎样才能让这些讨论对你更有用?

· 我正在努力改善我们的一对一会谈,并且非常希望你能提供诚恳的反馈意见。你认为它在哪些方面尚可,在哪些方面我可以进一步改进?

· 为了让我们的一对一会谈变得更有价值,我可以停止、开始以及继续做的一件事分别是什么?

做法 3

引领团队取得成果

做法 3
引领团队取得成果

我曾经就职于巴黎的一家豪华酒店。这家酒店引以为傲的，是其卓越的客户服务。只要有哪位VIP贵宾即将大驾光临，员工们就会格外精心地将餐桌布置得一丝不苟。这些员工已经有多年的工作经验，而且对自己的工作了如指掌。等到服务人员将VIP餐桌布置好之后，主管人员会无一例外地走过来查看。她会对每件东西仔细查看一番，然后重新摆放一下某个香槟杯的位置。1分钟后，大堂副经理登场，将一块亚麻布餐巾重新叠好。在一旁看着管理者们纠正自己工作中的错误，工作人员只有面面相觑。然而事情并没有到此为止。总经理会从他位于顶层的办公室走出来，踱到 VIP 餐桌旁。一番沉思后，他会重新摆放一下桌子中间的装饰品！

经过一段时间之后，员工们逐渐意识到，自己根本没必要把东西摆放得无可挑剔——他们知道管理人员自己会去这么做的。酒店领导者们的越俎代庖导致他们无意间人为地毁掉了自己长远意义上的成功（除非他们的目标就是每晚让几个不同级别的管理人员调整餐叉的摆放位置）。他们的团队成员变得越来越事不关己，甚至心存反感。员工们几乎没有任何想要贡献自己最好的想法和技能的积极性，因为无论怎样，管理者们终究还是会

083

将其推翻。

——维多利亚

我总是感到惊讶，何以会有如此之多每天来上班的人不知道自己为什么要做手里的工作。如果员工工作的原因仅仅是因为那是老板让他们做的事，那么团队的敬业度就会大打折扣。

普通思维模式	有效思维模式
"我会告诉团队成员应该做什么以及应该怎样做。"	"我会帮助团队成员弄清楚'什么'背后的'为什么'，并且在'怎样做'方面为他们提供支持。"

一个人突出的工作业绩往往是其获得晋升的原因。而作为一名初出茅庐的管理者，正当你开始与新团队成员建立彼此之间的信任与默契的时候，突然遇到了意想不到的麻烦，于是上面提到的"普通思维模式"便开始启动，表现为：告诉员工应该做什么，还有更糟糕的——决定亲自上阵，毕竟，你对于如何出成绩是很在行的。这种做法似乎更快捷、更可控，而且更有成功的把握。

然而这种普通的思维模式会扼杀团队的创造力和主人翁意识（回想一下维多利亚所讲的故事里的那些员工），给管理者带来沉重的负担，还会损害彼此的信任。在这种情况下，老板必须无所不知、无所不能，必须监督每一个细节，同时还要严格督促员工，以确保工作的完成。这种事对我来说并不陌生——我曾经伴随着这种思维模式度过了好多年，而后又不得不有意识地将其摆脱掉。这种做法根本无法长期奏效（而在我这里，它甚至连短期效果都没有）。那时，身为首席营销官的我发现自己居然会为了想要帮助员工选择某个邮件包裹上该用哪种类型的丝带（当然是缎子的）而在一旁悄悄地监视他们。我对丝带是如此的重视，以至于有一天下午一名基层员工走到我跟前，问我还有没有富余的丝带。我带着嘲弄的口吻回答："当然，有一整卷呢，就在我的口袋里。"令我骇然的是，他竟然相信了我的话。我的行为让一些人以为，一家国际化专业服务公司的首席营销官会亲自管理丝带库存。这件事变成一次有关微观管理的荒唐可笑的教训。

几年前，我曾与一家国际快餐连锁店的特许经营业主合作。这位经营业主在瑞典实施税制改革之后，面临着一项艰难的抉择：要么增加收益，要么通过裁员来削减成本。起初，他试图利用绩效奖励之类的外部促动因素来激励员工加倍努力。然而这种做法并没有产生明显的效果。这样看起来，他就不得不对十家门店里的员工进行裁员。

经过一番深入讨论之后，我们召集了一次全体员工会议。会上他向大家解释了当前局势背后的"为什么"：税收计算方法发生了变化，而门店则必须通过提高盈利能力来保留员工的岗位。各团队于是通力合作，共同制定了企业所需实现的目标，以及为实现目标而应采取的具体行动。在"如何做"方面，经营业主保证自己会随时为员工提供相应的支持。

几乎是顷刻间，情况出现了转机。团队成员在许多方面做出了改进，并且降低了成本。管理者们则主要负责清除前进道路上的障碍，或者重新调配资源以满足当务之需。最终，成绩突飞猛进！这十家店的业绩很快超越了同行，实现了他们预期的目标，从而挽救了大量的工作岗位。然而，这一切发生的前提条件是：经营者及其管理团队首先要转变思想，然后将目前发生的事情告知员工，同时还要跳出来从客观的角度思考问题。

——维多利亚

如果领导者告诉团队成员具体应该如何调试代码，编写赠款申请，或者分发丝带——那么从现在开始的一年内，他们就会始终做这一件事。这是不可扩展的。如果你做不到授权（同时涉及教育、辅导和提供建议），那么你就是个披着领导者外衣的个体生产者。你可能以为没人知道。但实际上，他们知道……每个人都知道。

与之相对照，有效的思维模式有助于让团队成员参与到决策中来，帮助他们了解日常琐事背后的大局。然而这确确实实需要持续地投入时间、耐心和成熟度。出色的领导者和团队成员一起制定目标，而不是为他们设定目标；委派任务时，他们既不会放任自流，也不会管得过细，他们从告诉团队成员该去做什么，转向确保他们的工作能与更大的目标保持一致，同时为他们的工作提供支援。

做法 3
引领团队取得成果

我给你们讲一个我自觉有些惭愧的故事，从中你们会了解到我的接班人在我离任之后如何通过遵守这一原则而将营销部门的敬业度提升到一个新的高度。在近10年的时间里，营销团队的预算和目标在某种程度上都是我单方面决定的。每一年我都会和自己的上司坐下来，关上门，讨论团队的目标，制定预算，然后按照我认为合适的方式给团队成员分配资源。这种做法的实施很顺利……因为没人知道不这样做会有什么关系。我将权力和决策集中在我和我的上级手中。尽管我也会和团队一起讨论策略问题，但是批准什么内容以及投入多少资金，最终还是由我来决定。

和所有新老板一样，我的接班人一上任便开始着手制定自己的文化标准和工作程序。他所做的第一件事就是对下属公开预算。在与自己的上司确定好优先事项后，与我的做法不同的是，他会和团队成员一起坐下来讨论部门的目标，征求他们的意见，然后与他们一起透明地制定预算。最终围绕着这一方法，敬业度和授权程度都取得了显著的提高。

然后他又深入一步。在得知分配给自己团队项目的预算后，他会将预算份额转交给团队成员，由他们来决定如何投入，以获得最高回报率。如今，社交媒体经理有了自己的预算，可以自主决定如何开支。营销自动化经理以及创意服务总监等职务亦是如此。

在对我们二人的做法进行对比反思的过程中，我领悟到自己应该多一些对团队成员的信任，少一些对信息的私藏。如果能从头再来，

087

我不会再像从前那样害怕移交一部分权力，我会对团队的见解更感兴趣，因为它们更贴近有利于达成目标的实际工作。我的接班人的工作方法体现为高敬业度和高度的责任心，而我的方法则是零敬业度和强制的责任心。

在体系"之上"工作

史蒂芬·R. 柯维博士曾经讲过一个相关的概念。这个概念每天都萦绕在我的脑海里，时常给我带来启迪。他将领导职责分为两大类：在体系"之内"工作（把事情做对）和在体系"之上"工作（做对的事情），并且二者皆有价值。在体系"之内"的工作是指日常的工作、任务、会议和项目，其目的是维持业务的运转。在体系"之上"的工作包括更高级别的战略指导、愿景规划和体系之间的协调。高效的领导者能够平衡其工作的重心。

———

我一向尽力秉持这样一种观念：每一位团队成员将来都应该有能力胜任我的工作。这或许并不是他们的愿望或选择，但这是我的目标：我在培养有学习和发展能力的未来的主管。

这种心态可能会让某些管理者感到可怕。我始终训练我的团队能在现有岗位上取得成功，同时又帮助他们准备好接任下一个职位，而我为此所采用的方法就是授权。

作为领导者，你会有许许多多大的目标，而这会让人感觉有点儿发怵。你或许会觉得这一切全都需要你一个人去肩负，但是你可以训练团队中的每一个人去承担起这些不断增加的压力。

——维多利亚

在体系"之内"工作并不是一件坏事。这种工作是有必要的：和同事们一起卷起袖子，全力以赴完成任务。但是我们太多时候看到的是，那些依旧按照个体生产者的方式行事的领导者完完全全是在体系"之内"工作。有趣的是，有些领导者为了寻求认可和看到切实的工作成果，宁愿在体系"之内"工作。当他们得不到来自自己领导的积极参与、反馈或者表扬的时候，这种情况有时就会发生。

如果你希望提高授权能力，获得更多支持，以及培养未来所需的技能，那么你就必须要在体系"之上"工作。这就意味着要着眼于长期的战略，确保让正确的人做正确的事，以及明确未来的愿景。

再次重申：我们要以两种方式工作，但同时要不断反思何时会对你和你的团队极为重要。这是一种微妙的平衡关系，优秀的领导者会不断评估自己所花费的时间的去向。

这种内心检查帮助我摆脱了"替他们做"的微观管理倾向。我会不断地问自己："我是在'之内'还是在'之上'？"有时候我是"之内"：集中关注质量和即时效果。在"之上"比较难。它迫使我去从长计议。我是否做到战略性地授权，以便让自己有足够的时间来增强未来所需的能力？6个月、12个月、18个月，对于我和团队如何？我是否在培养自身和团队的实力和信心，以便我们都能取得进步？

这种做法能够帮助你抵制以牺牲培养长期能力为代价而求取短期效益的诱惑。通过明确目标和有效授权，你的团队会清楚地知道自己需要如何行动才能赢得胜利——而你则会从不得不独自承担重负的无奈中解脱出来，而这种解脱是你急需的。

技能1：做到团队目标与组织优先事项保持一致

将工作重心放在适当的优先事项上，你会获得意想不到的结果——但是如果将重心放错了位置，你有可能会把事情搞砸。

> 你能否回答下列问题？
> 1. 你的团队的三大工作重点是什么？
> 2. 你的领导的三大工作重点是什么？
> 3. 你的团队在组织的优先事项中发挥着怎样的作用？
> ……此外，团队中的每个人是否都能回答上述这些问题？

有些领导者很难做到集中精力专做几个关键的首要事项。他们每件事都想做。而另一些领导者，比如我，在集中精力方面不存在任何问题——只是不能每次都专注于正确的事情。作为一个负责营销的领导者，我对战略方面的热忱有时甚至超过了我的老板。我对此强烈的关注引起了他的不满。没有人指责我缺乏专注力——但是我所关注的是否是能给公司带来最高附加值的活动呢？

历次的经验让我懂得了要去检查自己的优先事项是否与领导者的保持一致。而我也确实因此建立起了个人信誉——当领导者看到我动用自己来之不易的影响力去实现他的首要任务时，我便可以所向披靡。但是，当我由于猜测、按照个人喜好行事、在未经许可的情况下贸然先行而偏离了方向的时候，我就会发现自己与领导者之间出现了不和。这可不是我想要的处境。

不要猜测你的团队应该将工作重心放在哪里。你可以从自己的优势出发，承接自己热衷的项目，构想有趣的计划——只要它们与组织的优先事项保持一致。你应该确保团队的工作重心落在你自己的老板想要实现的目标上。

如果你未曾与自己的领导讨论过你们团队的目标，你应该为此请求与之会谈："您是否愿意在下一月/季度/年用20分钟的时间过目一下我们的团队目标？"

确保你自己也理解这些目标背后的理由。如果你得不到赞同，你的团队肯定也不会。

——托德

如果你无法与管理者面谈，也不要以此为借口，为你与管理者工作重点之间的错位而开脱。我和我的老板也不能经常如愿会面。所以我养成了一个习惯，每周给他发一封类似下面内容的电子邮件："您可能需要了解的五件事。"我会让邮件的内容简明扼要，而且始终采用项目列表的形式，清楚地列出我们团队的工作重点，以及我需要他了解的我的决策。除非他提出异议，否则我便勇往直前。十有八九他只是简单地回复"谢谢"，而这对于确保我们之间的协调一致已经足够了。

这种方法或许也适用于你的文化。它能够让你与极其忙碌的领导者保持联络沟通，并且让他们及时了解最重要的情况。这种电子邮件形式的最新消息汇报并不是为了取代一对一会谈，或者你们的以目标为核心的重要战略，但是这种方法在保证你紧跟领导者真实的方向方面所发挥的作用可能会给你带来惊喜。

将目标限制在最重要的事情上。如果你有权力自主设定目标（而不是接收领导下派的目标），那么你应该让你的团队成员参与目标的制定。他们不仅会参与这项工作，而且还会经常提出不同于你（和其他领导者）的看法。

你的好创意的数量有可能会超出团队的执行能力。许多领导者都高估了团队在一定时间内所能实现的目标的数量，坚称每件事都重要。但是，人类的基因决定了我们在同一时间只能出色地完成极少的几件事。你的团队在同一时间关注的重要目标最好不要超过三个。

当然，这事说起来容易做起来难。你不能简单地对大家说："对不起，我们只做三件事。"一方面你要让老板对你们团队的表现感到满意，而另一方面你要防止让团队感到精疲力竭。你需要用心维持此二者之间的平衡。在讨论团队的优先事项时，可以考虑针对这一平衡关系与你的管理者进行一次开诚布公的谈话。任何成熟的领导者都会理解这一难题，因为他们也是过来人。

如果你的老板提出太多不切实际的目标，你应该本着尊重的态度拒绝。可以考虑这样说："真的很抱歉，但是我知道，面对这么多相互冲突的目标，我的员工会吃不消。我们会努力工作，但它无益于我们团队取得长远的成功，而且我担心这会让一些人感到疲惫不堪而最终辞职。"这是一段大胆的陈述，可能需要极大的勇气才能说出来。你应该凭借自己从前完成过许多事情的信誉，尽力发挥和利用你的聪明才智与主动性，让自己更有底气。

如果你的领导坚持要保留十多个目标，那么你可以询问是否可以按不同的重要等级对它们区别对待，以便你可以一次专注于两个或三个目标。

你的目标必须具有明确性和可衡量性。这些目标通常包括一个起始情况（X），一个最终情况（Y）和一个截止日期。我们将其表述为：到什么时间，把某个指标从X提升到Y。

> 想一想
>
> ### 设定延展性目标
>
> 有时候我们所设定的延展性目标从理论上看很不错，但却没有明确地制定出实现这些目标的具体行动。
>
> 有一次，我们公司的当地办事处基于公司总部的成功经验制定了一项目标：销售团队必须每星期用10个小时的时间与客户进行面对面的沟通。此前我们从未在团队中做过这样的规定，所以这基本上是一次从0到10的变化。
>
> 从数据分析角度讲，这是一个很不错的目标——但是我们的团队根本没有准备好，而且由于标准设得太高，这一目标逐渐让人失去了动力。没有人会在收到通知的一天之后就去参加马拉松比赛。如果我们当时（对公司的办事处和团队）这样说或许会更好些："嘿，第一季度让我们先从每周3个小时开始，然后在此基础上逐渐延长时间。"此外，我们还应该与客户讨论如何争取到这些时间——为了达到这一目标，我们需要开展哪些新的活动？一旦获得了客户的支持，我们需要哪些新的技能用来让客户投入尽可能多的时间？
>
> 如果员工不知道应该采取哪些措施去实现目标，或者怎样才能对其产生影响，请退后一步客观地思考："我们能够采取哪些行动来切实影响这一目标？"然后将这些行动作为你们的初始目标。一旦这些变得可控，就可以朝着延展性目标再前进一步。
>
> ——维多利亚

例如：

- 截至1月31日，将客户满意度打分从88分提高到90分。
- 截至本财年末，将项目时间线从44天缩减到38天。
- 截至本季度末，将成本从140万美元降低到120万美元。

利用记分表

富兰克林柯维公司畅销书《高效能人士的执行4原则》(The 4 Disciplines of Execution)的首席作者克里斯·麦克切斯尼说："当面对成绩时，人们的表现将会发生变化。"

记分表可以帮助员工了解在目标框架下自己相对于应到达的节点的位置。这会是一种有趣的激励员工的方法——而且还会让你的目标受到高度重视。如果没有它的帮助，你的工作很可能不会有什么起色。

下面是有效记分表的四个关键特征：

- 简单。尽管作为领导者你或许会追踪大量数据，但是团队成员只需要知道目标以及他们选择的对目标起到驱动作用的几个指标即可。当前的胜负情况应该能够一目了然：条形图中的绿/黄/红条，表情符号，里程表，等等。根据具体情况的不同，你既可以跟踪团队整体的目标完成情况，也可以按个人对其进行细分。

- 显而易见。眼不见，心不想。如果记分表被放在抽屉里，那么没人会在意输赢。把它张贴在人流量大的地方。让它成为每个人的屏保或者桌面壁纸。

- 时常更新。最能让人丧失积极性的莫过于先是大张旗鼓地宣布一项新的目标,并且设计了一块吸引所有人注意的记分表……然后却不去时时更新。你必须建立起相应的制度,以便尽可能持续不断地实时更新数据(尤其是在跟踪个人工作表现的情况下)。

- 在公司文化允许的范围内尽可能生动有趣。你不应该让你的团队记分表被淹没在电子邮件、文件甚至其他目标记分表的汪洋大海之中。要让你的记分表吸引人的眼球。可以利用公司文化中的一些内部笑话。我们曾经聘请了一位漫画家为一项特别重要的活动每天制作一套连环漫画。而在另一个记分表上,我们借用了领导的卡通形象:领导慢慢地沉入流沙之中,除非我们的各项指标有所改善他才会停止下沉。如果可能的话,要尽量使其生动有趣。

需要铭记在心的是,记分表既能激励人,也能羞辱人。如果你用它衡量个人的工作表现,一定要周到、谨慎,并且要意识到排在榜单最后面的员工的反应。他们是否能感受到提升自己记分表排名的动力——还是在最低的位置一蹶不振?你要了解你们公司的文化。如果员工对某个突然具有了竞争性或比较性的角色感到不适应,那么公开的个人表现追踪有可能会损伤他们的积极性。要动用良好的判断力。

想一想

用记分表吸引兼职员工和合同员工

我上大学期间,曾做过兼职的服务生。我每隔一个周末去餐厅工作一次,而且你知道,没有人向我解释关于目标的事情。但是他们在员工入口的上方确实有一块大公告牌。从那上面我可以准确地看到他们相对于目标的销售量,以及他们当时用来计量的东西:葡萄酒,开胃菜,等等。

这些目标甚至对我这个1个月才来几次的人来说也是一目了然的。我能看到,"哇,我可以在我值班的时候让那个数字发生改变",以及"看,我本周的分数比上周高了许多"。

这一经历让我意识到,一块简单的记分表可以让工作频次较少的团队成员也能产生积极性。

许多领导人看不到拥有一块有效的记分表的力量。它可以成为你的一只"额外的手臂",去接触所有你可能没有时间联系的人。你制作的记分表应该简单明了,以便所有团队成员都能参与进来。就像那个餐厅的记分表一样,它应该是你们办公场所里最引人注目的东西,而不应该被放在角落里。

——维多利亚

召开团队问责制会议

没有问责制，团队成员就会失去对重要事情的专注——这就是人的本性。日常事务的紧迫性很快就会占了上风，而记分表则会落满灰尘。

问责制应该有一定的节奏。定期组织团队成员召开简短的团队问责会议，主题就是移动记分表上的标记针。

注意：这些会议不是你用来分享最新消息、发布公告或介绍新员工的员工大会，也不是我们在"做法2"中讨论的一对一会谈。在问责制会议期间（会议非常简短，而且甚至是站着进行的），议程很简单：团队成员检查/审核/回顾记分表，讲述/解释/证明上周做出的承诺，并做出下一周的新承诺。

下面给出几个最佳做法：

- 不要讨论与你们的目标、记分表或者承诺事项无关的任何内容。这需要一定的纪律性——谈话容易刹不住闸，因此应该将讨论的主题限制在与记分表相关的承诺上。

- 会议要尽可能短，尽量控制在15至20分钟。与普遍的看法不同，我不认为人们讨厌开会——但是他们确实讨厌徒劳的、没有重点、没有议程的会议，这种会议就是浪费时间。他们喜欢有成果的、准时开始和结束的、目标明确的会议。

- 制定连贯一致的议程。问责制会议的目的始终如一：移动记分表上的各项指标。每个人都汇报上一周承诺的完成情况,然后承诺下一周能让团队更接近目标的一到两项行动。这些承诺必须能以一个有利于实现商定目标的具体交付成果来表示,并且能够在个人能力和权限范围内实现。

· 清除障碍。很少有领导者意识到,其职务中很重要的一部分是让团队成员的工作变得更轻松。这并不意味着你要替他们工作;相反,你要清除那些只有你的职位、声望、任期或经验才能应付的障碍。你需要用10分钟时间完成的事,他们可能需要两个星期才能完成。有些时候,一些不那么成熟的领导者不愿意或没有能力利用他们的影响力。时间会让你学会什么时候应该利用它(而同样重要的是,什么时候不去用)。清除障碍的工作并不总是很有趣:有时候你不得不奋力打破官僚主义,应对各种令人不快的对话,但是你会赢得团队的尊重。

· 事先考虑委派一位小组成员来协助会议,以提高每次会议的效率。你可能需要向他们解释如何去做,但是这种做法能进一步将责任移交给团队。

尽管这些会议看起来很简单,但它们却能让所有人思想统一,齐心协力追求共同的大目标,从而形成一股推动目标实现的强大动力。但是你的团队必须要像你一样认真对待这些会议。如果你频繁取消会议或者在会议期间盯着手机看,那么团队成员们也会对此心不在焉。一定要定期召开这些会议,要让会议议题重点突出,并且树立体现其重要性的榜样。对于一个在其能力范围内并且有胜算希望的目标,而不是一个他们力所不及的、模糊不清的结果,团队成员能够感受到自身的责任。

简短，快速，坚持，大胆尝试。

技能2：学会授权

20岁那年，我曾在美国总统竞选活动的佛罗里达总部工作。在坦帕举行一次大型集会之前，竞选经理给我分配了一项任务，要我为舞台背景搭建一个气球拱门，而且它的形象将通过晚间新闻播放给数百万人。我根本不知道如何搭建气球拱门——这绝对是门科学——所以我寻踪觅迹地找到了竞选经理，问他一些后续问题。他说："我不知道，斯科特，你自己想办法。我信任你。"

我记得我当时想："你怎么可能相信我一个人能做好？我都不知道我做的是什么！"对他来说，气球拱门只是他职责范围内上千项任务中的一项。而当时对我来说，它却是我做过的最重要的项目。

最后，我搭建起了一个还不算难看的气球拱门，但是从那以后，我总是在琢磨这件事：这位竞选经理是在对我授权，还是在对我放任自流？他是否表示出对我的信心？或者整件事根本微不足道，而我却没有意识到这一点？

最后我明白这里面集合了多种因素。一方面是我想多了，而另一方面他对我的了解程度足以让他对我有信心，而这份信心却是我自己缺失的。有趣的是，30年后，我所采用的策略与他的如出一辙。如果一名有能力的底层员工询问我一件我知道他自己能做的事，我通常会立即把问题推回去，因为在那一刻他们内心所获得的成长将是终身的。

我渐渐发现，授权这件事就如同一次驾车出行。放任自流型的领导者希望在自己尽可能少参与的情况下被送到目的地。他的授权方式是将工作卸载到他人身上。盖着毛毯，枕着枕头，戴着耳机，这位领导者蜷缩在副驾驶的位置上睡着了，既不主动帮着导航，也不与驾驶员聊天以打发时间——当然也不用付汽油费。驾驶员感觉疲劳过度，提不起劲来，而且忿忿不平。

微观型管理者的授权方式是坐在副驾驶座位上操控一切。他们希望驾驶员一切按照自己的意愿做，并且会针对极其琐碎的事发号施令——"当心旁边车道的那辆车！该用转向灯了！"驾驶员感到心烦意乱，无法集中精力。微观型管理者知道（或者被告知）他们应该放手让另一个人开车——但还是希望真正开车的人是自己。

赋权型领导者的授权方式是主动邀请团队成员来替他掌握方向盘。而他们则会去寻找辅助驾驶员的方法，例如排除 GPS 的故障，找个电台听听，给汽车加油。这位领导者关注的重点是辅助驾驶员，而不是指挥他的一举一动。旅途结束时，驾驶员会问："我们接下来要去哪里？"

如何有效授权

在上一个场景中，我们可以想象，那位赋权型领导者的驾驶员会是尽职尽责的，甚至是对这段旅程感到兴奋的；那位一切全靠自己的驾驶员则会是漠不关心，甚至是忿忿不平的；而那位微观型管理者的

101

驾驶员则在时刻准备着只要机会一来就抗拒或者辞职。

你的授权方式会影响到团队的成长、敬业度和积极性。可以考虑利用以下步骤来实现有效授权：

定义项目。如果你对项目不了解，你就不可能合理地分派任务。项目的目标和期限是什么？完成任务需要哪些技能？需要多长时间？你是否对项目的成功做出了定义？是否确定了需要遵循的关键指标？如果你对成功是什么样子没有一个清晰的概念，那么可以肯定，任何其他人也都不会有。

这是一个很容易被跳过去的步骤。即使是最有经验的商业领导者也会从反思自己如何衡量成功中受益。有时候，所有人都会禁不住直接进入"做什么"这一步骤，却跳过了"为什么"，而后者不仅对我们的团队极其重要，而且对我们自己也很有意义。

判断是否需要委派项目。尤其是对于初次从事管理工作的人而言，授权可能会造成滑坡效应。你可能会倾向于秘藏任务，因为你想把它们当作是自己的东西，并且按照自己的标准完成。而另一方面，如果你过度授权，别人就会认为你什么事情都不做。对于真正的授权一定要小心谨慎。

某些领导职责是绝对不应下放的，而这一点在很大程度上取决于组织内部的文化规范。通常，如果某项职责过于复杂，或者需要高度谨慎，那么作为领导者的你应该自己承担起来。不要把难做的事情委派出去，却把容易的、有趣的东西留给自己——实际上，你应该做的恰恰相反。你需要主动去处理棘手的人员、策略和系统性问题，因为领导者十有八九是应当对这些问题负责的。你还应该树立起卷起袖子与员工打成一片的形象。如果你的团队成员看到你偶尔会主动坐在地板上装箱子，他们就不会指责你委派任务是因为不尽职或是为了逃避工作。

我会尽量把工作委派给团队成员，但目的是有效利用我的时间，而不是把自己不喜欢的东西硬塞给他们。不过，偶尔我也会临时做一些较低层次的任务，以提醒我的团队成员：对于那项工作我并不是高高在上，而是和他们一起参与其中。这是一个构建文化的时机。作为领导者，我不应该什么都做……同时又要甘愿什么都做。我必须确保在别人针对我的所有怨言中，没有人会说："斯科特不会处理棘手的问题"或者"他把没意思的东西都派给我们去做。"

选定委派其执行项目的人员。对于任何一个你考虑要对其委派任务的团队成员，可以借助下面这个快速核对表进行判断：

- 该成员是否有时间？
- 该成员是否表示过对此感兴趣？
- 该成员是否具备所需的技能？需要多大程度的指导？
- 该成员平时是否按时完成任务？
- 该成员是否会在此项任务中学习到新的技能或者提高现有技能，以便从中受益？
- 该成员是否能与其他利益相关者友好合作？

- 将这项任务交给此人是否有可能会被团队成员视为不公平?
- 该成员会将其视为一种赞扬和奖励,还是一种负担?

与团队成员一起确定项目范围。尽管你对某个项目的愿景已经成竹在胸,但是你不能假定它在别人的头脑中也是清晰的。

员工往往不敢向管理者请教问题,因为他们害怕这会让自己显得没有能力。结果是缺乏明确性,最终导致拖延,甚至更糟糕的是,无法实现所构想的真正目标。

著名的执行教练,《高效能人士的影响力法则》(The Power Principle)的作者布莱恩·李曾经说过,几乎所有(即使不是全部)的冲突都是由于不一致的、未得到满足的或者被辜负的预期造成的——无论是与托儿服务提供商协商价格,还是与你的团队制定休假时间表。回想一下最近一次冲突时你的言论:如果你能将自己的需求和愿望表达得更清楚些,更认真地倾听别人的话,是不是就能避免让不确定性的雪球越滚越大,从而避免冲突发生?

你必须清楚地表述自己的要求,有时甚至要达到荒唐的程度。你有责任说出类似下面这样的话:"如果有任何不清楚的地方,现在是提出问题的好机会。一切都摆在桌面上。没有什么是不可以讨论的——包括令人不快的问题。"

清楚地表述要求是一项领导能力。这项能力可能需要你投入额外的精力,运用更多人际交往的技巧,以及付出超出你的舒适程度的努力。如果领导者授权之后收获了糟糕的结果,那么责任通常在于这位领导者。我已经掌握了如何通过明确要求来最大限度地减少不确定性。你将目标、愿景和期望结果描述得越清楚，你管理过程本身的必要性就会越小。换句话说，你先要解释清楚"为什么"要做，然后让团队去决定"如何做"。

> **想一想**
>
> **复述要求**
>
> 每次我宣布了某个项目的愿景之后，我都会恭敬地请下属告诉我他们对其中各项要求的理解。
>
> 通常，从他们反馈回来的解释中，我能够意识到我在某些方面表达得不够清楚，或者他们没有理解或听到我所讲的话。这一方法消除了所有的不确定性。
>
> ——**托德**

需要花费时间通常是其主要障碍。但是，如果你不肯花时间，你会发现自己无休止地在解决问题、澄清问题和自己出马的循环中打转。

下面这个委派工作的基本框架既可以揭示"为什么"，又能产生明确的结果。

- 阐述为什么要做：解释清楚该项目为什么重要。
- 阐述要做什么：讲清楚怎样才算成功，以及如何衡量成功。
- 讨论如何做：

105

- **准则**：必须要达到的标准和条件，包括截止日期。

- **资源**：人员、预算、工具等。

- **问责**：如何跟踪进度和承担责任。你可以采用与本人面谈、通过电子邮件获取现状报告等形式。

- **影响**：阐述项目完成后的效益（以及完不成任务的后果）。

不要试图单纯依靠自己的记忆力。你应该记清楚笔记，做好任务记录，以避免错误的理解和责任不明。

提供支持。任务已经委派出去了。现在，你可以把脚往办公桌上一放优哉游哉了。开个玩笑。除了其他工作外，你还必须根据团队成员的经验和信心为他们在新任务中提供支持。他们也许需要经历一些坎坷，迫使他们竭力发挥自己的才能。要记住：团队成员犯一些错误是正常合理的——这是人类学习的方式。在提高技能和知识水平的过程中，即使在头脑非常清晰的情况下，也总是会有不尽如人意的结果出现。

我工作初期的一位领导在文化方面有一个基本要求：对错误的预先宽恕。这鼓励了各种奇思妙想和适当的冒险。我们知道，如果自己犯了错误，也不会惹上麻烦。我们的责任是，不采取过分冒险的措施，并且一旦事情偏离正轨，要即刻通知他。

为了进一步支持我们，他授权一线员工可以当场做出500美元以内的客户服务决策，而且对我们的决策他绝不会予以事后批评。超出500美元则需要他的介入。这种授权方式释放了员工的创造力。由于这是一份如此珍贵的礼物，所以员工们很少使用它。我们不想让他失望。他给予了我们如此之高的自由度，以至于我们对它的索求远不及得不到的时候。我们对这种信任充满感激之情，因此我们绝不愿意亵渎它。

建立预先宽恕的文化意味着要信任你的团队成员，赋予他们一定程度的权力。他们会犯一些错误，而为此他们已得到了预先宽恕。作为回报，他们不会漫不经心，也不会越轨行事。你已经为他们拓宽了车道，因此他们没有理由开进越野地。一旦有什么事情将要失败，他们必须向你报告，以便你能帮助他们回到正轨。

预先宽恕让工作气氛变得更轻松愉快。这种程度的信任并不多见，而对于初次做领导的人来说尤其如此。新领导者通常会把精力集中在对上面完成任务和对下面严格管理上，因此几乎不会给员工留出成长的空间。

在你的文化中，预先宽恕可能会有不同的表现。如果有人亵渎了它，你可能会反悔。但是大多数人的反应会和我们的一样：由感激而生敬意，又由敬意而产生审慎的思考，从而获得更好的客户沟通结果，促进销售额的增长。

如果你的团队成员对被分派的任务感到有些吃力，你可以在一对一会谈期间了解一下他的情况。可以参看"做法4"中关于如何提供反馈意见的见解。如果这名员工最终的结果还是令人失望，花些时间重新为他描绘出一副清晰的成功愿景。为了避免再次失败，这一次你可以允许自己更频繁地了解他的情况。

为成果庆祝

和大多数销售型的组织一样,富兰克林柯维公司会在年初举行一年一度的启动大会。这是一个庆祝成功、抚平伤痛、分享经验教训、制定来年目标的时刻。你或许能猜得到,这些会议有可能会转变成枯燥冗长的演讲、职业上的故作姿态,以及无聊到要死的PPT演示。尽管这种会议上有大量有用的信息,但是它会让人感觉负担过重,而且不像预想的那样有庆祝的气氛。

尤其是有一年,我们计划面向全球推出全新版《高效能人士的七个习惯》,需积极准备该产品的宣讲会。宣讲会是一个为期数日的现场活动,旨在帮助专业人员学习和实施这本书的内容。在接下来的几个月里,我们会在全球170个城市同时推出该书的多种语言版本。这是一项艰巨的任务,需要投入前所未有的精力、专注和纪律性。

在准备向内部员工发布产品的过程中,营销部门对过去通过现场宣讲会、在线学习、混合式学习、播客、网络研讨会、印刷品和电子书以及主题演讲等形式体验过《高效能人士的七个习惯》学习的总人数进行了统计。《高效能人士的七个习惯》的学习对许多人来说是一次改变人生的经历。结果显示,总共有超过3,700万人。想想看:我们一度直接地、积极地、可持续性地影响了3,700万人的人生。这一数据既震撼人心,又真实不虚。

做法3
引领团队取得成果

我们不能把这个数字往幻灯片上一扔就完事大吉。它必须要有视觉冲击力和情绪感染力。

作为执行副总裁，我的任务是在会议期间面向整个公司做一个30分钟的主题演讲。于是经过一番策划和演练之后，在我演讲的那天上午，我们的团队偷偷地将14门五彩纸屑大炮（有乘坐式割草机那么大）推入酒店宴会厅，并把它们藏在桌布下，准备在约定的时间发射。这件事需要我们与酒店管理者们进行大量的协调工作。消防队长需要检查加压储气罐，清洁人员需要站在一旁随时准备行动。

这14门大炮里装着3,700万张三英寸大小的迷你人形纸屑。我们不仅要汇报我们的影响力，还要以一种令所有人终生难忘的方式将其展示出来。3,700万件东西组成的壮观景象，你有多久没有体验到了？

有趣的是，在我的演讲马上就要开始之前，另一位得知五彩纸屑计划的高管中肯地劝我放弃做这件事。他认为这种愚蠢可笑的行为会有损我的声誉，而且其他管理人员也不会像我想象的那样对此表示欣赏。尽管我当时正准备走上讲台，这位同事还是坚持认为我应该重新考虑一下我的计划。他是在为我着想，但我已经权衡了利弊，不打算回头。我想利用视觉效果营造出一个宏伟壮观的景象，不仅要展示出我们已经取得的成绩，而且还要呈现出未来的可能性。我从这一创意中看到的价值让我欲罢不能。我甘愿去冒自毁声誉的风险（何况，将装满五彩纸屑的大炮退还是件很不容易的事）。

109

―――

是我。是我劝他不要那么做的。

——托德

―――

我对他的忠告表示了感谢，走上讲台，制造了一场任何人都未曾见过的室内五彩纸屑倾盆大雨，其精彩程度仅次于世界职业棒球联赛。那是一次持续了12分钟的五彩纸屑连环轰炸。你可以把一个人埋在纸屑里面。保守一些的人可以在地板上堆雪人，用五彩纸屑打雪仗。

这次演示决不只是为了五彩纸屑而用五彩纸屑。这是一个经过精心策划的视觉和情感上的策略，旨在将我们的品牌对3,700万人的影响力和影响范围深深印刻在每个人的记忆里。想象一下，假如我们对接下来的3,700万人也用五彩纸屑展示，会是怎样一种情景（我们并没有这样做——我们有环保意识。那些纸屑也都被回收了。在这场展示中，没有一个纸娃娃受到了伤害）。坦白地说，并不是每个人的反应都是一样的。我猜有些人会认为这种方式有些轻浮，另一些人则确实认为它催人奋进，而有数百人处于两种之间。

当最后一片五彩纸屑飘落后，我用平静而从容的语气解释了刚刚发生的这一切背后的原因。我激发每个人在心中构想出一位他们认识的受到过《高效能人士的七个习惯》影响的客户。想象出那个人（领导、流水线上的工人、老师、接待员）的画面。我要求他们，只要他们脑海中浮现出一个人，就拿起一片五彩纸屑，把它放在钱包、手提包、公文包或计划本里——任何他们每天随身携带的物品都可以。每当他们看到这片纸屑的时候，我希望它能让他们想起我们的使命和影响力。

会议结束后的几个星期内，世界各地的富兰克林柯维办事处的同事们不断通过短信和电子邮件给我发送从口袋里掉出来的五彩纸屑的照片。人们在自己的浴室、内衣中都发现了五彩纸屑。到处都粘着五彩纸屑的碎片。这也是很棒的一件事，因为它无意间强化了公司影响力的可视效果。那大概是我所设计的保鲜期最长的一次演示活动。

———————

回到斯德哥尔摩后，我在鞋子中发现了五彩纸屑！

——维多利亚

———————

而且在此后的近10年里，每当我访问我们在日本、中国、巴西、葡萄牙或墨西哥的办事处时，一定会有人拿出钱包，掏出一块几乎已经看不出模样的五彩纸屑，然后告诉我它所传达的讯息对他们的意义。他们主动选择保存这些提示物；那次会议之后，我没有采取任何跟进行动。

不是每个人都有能力发射五彩纸屑大炮，但这没关系：声势浩大的庆祝不一定需要大笔的预算。哪一种形式适合你们用来庆祝成功？体贴入微的表彰以及有创意的惊喜都会产生持续数十年的影响。

通常在一些崇尚目标专一、埋头苦干的企业里，人们会变得刻板守旧。认为庆祝活动会让人沾沾自喜、丧失战斗力，这种想法是错误的。当然，没有必要事事都要庆祝一番，因为那样就会失去意义。但是如果你认真完成了本做法的训练——专注于最重要的目标，调整工作以实现这些目标，并且作为一个团队实现了这些目标——我真的认为，无论如何庆祝都不过分。

人们希望在工作中找到乐趣，想要有被赏识的感觉，想要迫不及待地去上班。所以，在你们倾尽全力实现了某个目标之后，花一些时间来庆祝一番吧。

我的行动与洞见

稍事回顾一下本章所谈及的做法，并将最能引起你共鸣的洞见写在下面：

_____

_____

_____

_____

做法 3
引领团队取得成果

写下两三项你想要实施的行动。

_____

_____

_____

_____

_____

做法 4
建立反馈型文化

上大学的时候，我是佛罗里达州温特帕克日落餐厅获得小费最多的服务生之一。我研究出了一种可以提供绝对最快服务的方法。因为我的记忆力总是特别好，所以我根本不用笔记就能记下顾客点的餐，然后飞奔回厨房，抢在所有其他人之前，准确无误地告诉厨师我需要什么。

得益于这样一个快速（尽管有些自私）的方法，当其他顾客还在等着他们的汤的时候，我的顾客已经在享用甜点了。我的顾客都很喜欢我，我的小费就是证据。但是每次我离开厨房的时候，我的身后都会乱作一团。

最后，我的一位朋友，也是另外一位服务生，被提升为经理。前一天他还和我们一起给客人端阿尔弗雷多面条，第二天他就成了我们的领导。

他的管理工作清单上的第一项就是平息我造成的混乱。那是让我刻骨铭心的时刻：当最后一位客户离开之后，他让我坐下来，然后说："斯科特，我需要看到你在团队合作方面做出显著的改进。"然后，他拿出一张索引卡，把他刚才说的话逐字逐句地写了下来，并把卡片递给了我。

我吃了一惊，心想："你以为你是谁呀？三天前你还是我的哥们儿，而现在你却想看到一个'显著'的进步？"

有多少人能准确地记得自己收到难以接受的反馈意见的那一刻？对于意见的提出者和接收者来说，意见反馈都是一件令人痛苦的事。我不认为这是一种言过其实的说法。然而史蒂芬·R.柯维博士曾提到："你能送给另一个人的最好的礼物之一就是针对他自己从未察觉到的盲点提出建设性的意见。如果仅仅因为话会很难听，该说的话就不说了，这种做法才是极度有害的。因为在意对方，所以你才要提出诚实、准确的反馈意见。"

如今，我很感激那位餐厅经理敢于对我直言不讳。他的初衷是善意的，然而本章里谈到的技能或许能帮助他，让他在提出敏感性意见时，可以不必使用索引卡。

作为领导者，你的工作是要拿出勇气和思虑，为你的员工提出可操作的、具体的，有时甚至是严厉的反馈意见。这是一门艺术，而不是科学，而且需要在反复的实践中习得。它不仅仅是一项值得掌握的技能，如果你想成为一名真正的领导者，你就必须学会如何去做这件事。再进一步说，我们认为，如果你不愿意走出自己的舒适区去给员工提出反馈意见，那么你就无权做一名领导者。

就提出反馈意见而言，存在两个极端：

做法 4
建立反馈型文化

- 胆子太大：这种类型的老板在告诉别人自己的想法方面不存在任何问题。我就属于这个阵营，而且我甚至可能给过太多、太刺耳的反馈意见。

- 思虑太多：对于这种类型的人来说，一想到要给人提出严厉的反馈意见就会让他们不适。因此，他们对此绝对避而不谈。

这两个极端都会给他们的团队带来伤害。

胆子太大，考虑不周，我有可能会损伤人的自尊心或自信心。我不懂得何时应该打住。我从未想过要伤害谁，但是我会残忍地送出诚实的反馈，然后让对方自己去应付。

————

我发现一个人的勇气和思虑的多少是视情况而定的，具体取决于你与他人之间的关系。你对他们的管理已有多久？对方会让你感到胆怯吗？他们的成熟度如何？有些团队成员比较难以接受反馈意见；而有些人则比较愿意接受指导。

你是否有某一种天生的倾向：胆子太大，或者思虑太多？这种倾向是否会根据人际关系的不同而有所变化？

这是一种平衡。理想的状态是，你在各种情况和关系中都能既有极大的勇气又有审慎的考量。

——**维多利亚**

同这种做法具有同样破坏性的是思虑过多、胆量过小。这种类型的领导会无意间表现出对团队的放任自流。由于根本不提供任何反馈意见或者过于含糊其辞，这些领导让员工的弱点变得更弱。团队成员会不断地在妨碍他们取得业绩和成长的困境中重蹈覆辙。不提供反馈意见也会损害到团队对老板的看法。如果你看起来是在对具有挑战性的或者困难的问题佯装不见，那么你的团队成员就可能会认为你软弱无能，并且对你的能力失去信心。

不管我们天生有何种倾向，我们都应该依靠自己找到适当的平衡。

普通思维模式	有效思维模式
"我提出反馈意见，以便能够解决员工的问题。"	"我提出并且寻求反馈意见，以便提升整个团队的水平。"

普通管理者的思维模式是自视为"解决问题的人"：你的团队成员有问题，所以你认为自己的工作就是通过提出反馈意见指出他们错在哪里。与之相反，有效的思维模式的核心是在寻求反馈意见的同时，释放他人的潜力——当然也包括你自己的。

反馈意见的有效与否取决于动机。必须要让团队成员知道，你的本意是帮助他们提高技能和才智。他们需要感觉你是安全可靠的。然而这并非一朝一夕就能实现的；你需要构建信任的基础。

领导者提供反馈意见，是为了帮助员工看到自己看不到的东西。根据我的经验，大多数人（包括我自己，也许甚至还有你）天生就缺乏自我意识。你的团队成员以往的管理者可能从未以一种有助于他们成长的方式号召团队去做该做的工作。

作为领导者,你同样也会有盲点。愿意放弃执念,主动寻求团队成员的反馈意见,这是实现向有效的思维模式转变的部分条件。这样做不仅可以针对你希望团队掌握的技能树立榜样,而且还可以帮助你自我提高,同时又能为提出和接收反馈意见营造一种安全感。

根据个体经验的不同,人们对反馈意见的看法也会有所不同,但是一些通用的原则却几乎可以适用于每个人。无论是一名刚刚大学毕业参加工作的年轻雇员,还是一位开始考虑退休生活的老员工,反馈意见对他们都具备同等程度的重要性。当你通过实践熟练掌握了提出和接收反馈意见的方法之后,你会上升到一个新的境界:你能够借助天生的本能培植出一种让建设性、善意的思想自由双向流动的文化。每个人都感到被倾听、受尊重,业绩和生产力突飞猛进。

技能1:提出激励性反馈意见

每个人都希望被重视。你可以借助激励性反馈让对方感受到你对他的重视。

激励性反馈不应该是平淡乏味的或者公式化的。只要留意这样一个问题:"我是否在对的时间针对对的人强化和表彰了对的工作表现?"

我特意用"激励性反馈"(reinforcing feedback)这个词来代替"正面反馈"(positive feedback),以避免只是拍拍后背,表示"你真棒！加把劲儿！你是最棒的。"这样的反馈确实是种鼓励，但却没有具体指出对方在哪方面做得棒。而激励性反馈能够清楚地表达出某个团队成员在行为、态度或工作方面的出色表现，同时还会鼓励他应该继续努力。激励性反馈的影响力可以改变行为，提高敬业度。

激励性反馈有多种用途：

· 肯定团队成员解决问题的方法，同时鼓励他应该继续努力。"由于你改造了数据收集的程序，让一个混乱不清、令人头痛的系统得到了简化。如果你发现还有其他应对这一问题的可能性，请随时告诉我。"

· 为正在突破自己能力极限或者在未知领域里工作的人建立信心："我知道，你对承担这项福利项目有些紧张，但我想让你知道，我非常佩服你解决问题和理解新事物的能力。"

· 鼓励一种更积极的文化，让身处其中的人不会感到自己被轻视。"在进行下一个项目之前，我想让你知道，我非常感谢你在上一个项目中付出的额外努力。"

· 让正在学习掌握某项新技能的人相信自己正在取得进步。"我知道这个项目可能让你感觉有些焦头烂额，但是从目前的情况看，我相信你的方向是对的，而且相信你一定能把这项工作做好。"

· 让新的团队成员感受到被认可和被欣赏。"在你加入团队的短短几个星期里，你所带来的影响给我们留下了非常深刻的印象。你能够委婉地询问我们现有行事方式背后的原因，而你为此表现出的主动性和勇气让我们重新思考了旧有的程序。"

- 肯定并且指出某个人自己可能没有意识到的技能或才华。"昨天你站在门口迎接客人,而不是等到他们走到前台时再去欢迎他们。你为我们的客户接待服务带来了质的改变。我能看出你让他们感到自己非常受欢迎。"

> **想一想**
>
> **抛弃"三明治"式反馈**
>
> 作为领导者,指出错误并且修正错误,是我们的本职工作。我们通常会将正面反馈看作是用来将负面反馈夹在中间的一种手段,就像三明治一样:首先来一层正面反馈,再在上面放一层厚厚的负面反馈,然后顶上再加一层正面反馈。
>
> 此外,许多管理人员还认为激励性反馈就是些用来鼓舞士气的话,或者一种用来维持积极向上氛围的做法。但实际上激励性反馈与企业的成败息息相关。它是你培养和壮大团队的方式。它可以成为你激励团队的最强有力的杠杆。
>
> ——**托德**

行为科学家马尔西亚·洛萨达(Marcial Losada)和艾米丽·希菲(Emily Heaphy)指出,高绩效团队分享激励性反馈意见的可能性是普通团队的近六倍。他们还发现,绩效低下的团队提出负面反馈意见的频次几乎是绩效一般的团队的两倍。激励性反馈意见能够提高绩效。它既不会让人沉迷,也无需任何成本。

> **想一想**
>
> ---
>
> **为行为投票**
>
> 有一位朋友曾经对我说,每当你从超市的货架上取下一件产品的时候,你就是在投票给超市让他们继续购买这一产品。我试着以同样的方式理解激励性反馈:它是在为你希望在团队中看到的行为投票。因此,下一次如果你看到团队中的某个人做对了,不要只是在心里想:"太好了,我们(终于)做对了!"而是应该为这一行为投上"你的一票"。你可以立刻(或者在下一次的一对一会谈中)与这名团队成员分享你所看到的以及为什么它如此重要。
>
> ——维多利亚

如何提出激励性反馈意见

研究表明,尽管大多数管理者认为自己已经提供了足够的激励性反馈,但是大多数员工却感觉自己没有得到足够的反馈。可以考虑以下有关提供激励性反馈意见的最佳做法:

找到正确的频率和形式。 赞美就像香槟酒:在适当的条件下醇美可口,但是如果空腹时喝得太多,你就会感到后悔。你的工作是观察和了解员工喜欢通过什么形式接收激励性反馈(通过电子邮件、私下交流、口头形式、一对一会谈、团队会议的公开场合,告知对方的同事,告知你的老板)——以及反馈的频率。有些人可能会对公开表扬感到难为情；而另一些人则尤其喜欢让同事对自己刮目相看。这两种类型的人都属正常——而且也不难满足他们的需求。

———

我们公司有一位远程工作的同事。这位同事工作干得很出色，却始终感觉自己与团队其他成员之间有一种严重的疏离感。她的老板们对她的了解远不及对他们能亲眼见到的人。我得知了此事后，就去与她的管理者们沟通，想从他们那里了解一下有关这位员工的优点、可以改进的地方等相关信息。我估计自己一定是让这些管理者们深刻意识到了她的被疏离感以及得不到反馈的事实，因为其中一些老板给她打了电话，将激励性反馈一股脑儿地赠予了她。这些行为是真诚的，却太过脱离真实场景，于是她给我发短信说："2年时间里我都没有得到过一句夸奖，可是现在我在四天里连续不断地收到夸奖？这是怎么一回事？"这件事给我们上了一课，使我们认识到始终如一地提供激励性反馈的重要性。

——托德

———

团队中的每个成员都有各自不同的偏好。如果激励性反馈对某些团队成员的激励效果尤其明显，那么你给予这些人的激励性反馈或许就会更频繁些。应该注意的是，不要假定他们和你的偏好是一样的。关键是要利用反馈信息鼓励良好的行为，并且营造一种积极接纳这种行为的文化。

要表扬具体的行为，详细说明这种行为对团队、目标或项目的影响。"工作很出色"这样的评语不具有指导意义。你应该让员工知道自己究竟在哪方面做得对，这样他们就能够清楚哪些方面需要继续保持。如果你能在反馈信息中具体说明某种行为的影响，那么激励性反馈意见就会更有效。例如，"你的报告写得非常出色，里面涵盖了所有七个部门的数据，显示出我们的团队对所有部门都一视同仁。"

将员工的行为与其内在的动机联系起来。你最好是在定期进行的一对一会谈中能够发现团队成员的动机，了解到他们的长期发展愿景。要让他们看到，做好本职工作如何能够帮助他们实现自己的愿望。例如，如果有人希望在事业上能够一路获得晋升，你就可以将其行为与职业发展目标联系起来。"你在上周团队会议上演讲时表现得非常自信。看来你在提高自己的公众演讲能力方面所做的努力确实取得了回报。"或者，"你在指导我们的新团队成员方面表现出极大的耐心。我能看得出，你一直在努力提高自己的领导能力。"

认真倾听员工的回应。有些人对赞美之辞会感到不自在。团队成员对激励性反馈意见的回应或许能为你提供些线索，告诉你哪些人需要额外的鼓励和信心的建立。倾听他们的回应，可以从中分辨出以下三种常见的类型：

· 接受表扬："谢谢，我花了很长时间对执行摘要进行简化。得知它在会议上对你有所帮助真是太好了。"这位反馈意见的接受者表明他理解这一具体的行为及其影响。

- 转送表扬："实际上，改写执行摘要的主意是卡尔想出来的，不是我。"在这种情况下，你应该对这名员工将荣誉归功于他人的行为表示认可，同时指出其本人的贡献，并重申其重要意义，从而帮助这名团队成员接受自己的荣誉。要让他认识到，肯定自己工作做得出色是完全正常的。
- 拒绝表扬："这件工作最终能算说得过去就已经是个奇迹了。"这种回应暗示着可能存在某个更深层次的问题。可以利用一些开放性问题来弄清楚对方是缺乏信心还是有其他顾虑。

> **想一想**
>
> **赞扬的文化取向**
>
> 人们接受赞扬的方式在很大程度上会受到文化的影响。在某些国家，积极主动地接受赞扬会被认为是一种自我标榜。比如，一个瑞典人有可能会把自己得到的赞誉归功于他人，以便让自己显得不要太过自负。在这种情况下，你还是应当把赞誉给予对方，但在分析判断他的反应的时候，要将这一点考虑进去。
>
> ——维多利亚

许多远程工作的团队成员收到的反馈信息非常有限。对此应该予以补偿。如果你的手下有远程工作的员工，他们可能非常渴望得到反馈信息。对于他们良好的工作，你应该加倍地认可，甚至要比你对身边团队成员的认可还要频繁。你甚至可以通过群发邮件的方式，给予他们一些激励性反馈，从而让远程工作的员工能够感到受重视，有归属感。要保持团队的集体感。

提供激励性反馈是一项比较令人愉快的领导职责。快去打开这瓶香槟酒吧。

技能2：提出纠偏性反馈意见

我在迪士尼工作期间，我的老板的行事风格是绝不会让团队成员知道自己的想法。员工因此感到心烦意乱……甚至被击垮。我记得几乎每天晚上我都无法入睡，不知道第二天自己是否会被解雇。

由于有过这种经历，我决心一定不要让我的团队成员猜测我对他们的想法。不幸的是，尽管我的初衷是善意的，但是我有些矫枉过正。在我担任管理者的前10年里，我的策略是直截了当地给出反馈意见：你讲话应该大声点儿。你应该去学习学习拼写。你应该注意个人卫生。对每一位团队成员我都会以同一种方式提出反馈意见，根本不考虑他们的个性、喜好或者经验——而且我的情感成熟度几乎是零。正如我在讲思维模式时所提到的，我绝对是属于胆子太大这一边的人（从那以后，我学会了如何以一种更体贴和更尊重人的方式提供反馈意见）。

纠偏性反馈属于我们以前常说的负面反馈。但是可以很容易地看出这个词被给予的权重。它暗示着各种能让个人贡献者冒冷汗的想法：批评指责、不尽如人意、辜负了团队、失败、惩罚，甚至解雇。

> **想一想**
>
> ### 何时用电子邮件提出反馈意见
>
> 不要用电子邮件提出措辞强硬的反馈意见,因为你无法亲自将意见送交给对方。如果你认为你的反馈意见有可能会引起对方某种特殊的心理反应,或者你当面提出意见可能会导致某些人误解你的意思,或者对方可能需要一些时间来消化你的反馈,那么有些时候可能需要通过电子邮件来传达反馈意见。
>
> 我曾经有一位同事非常有才干,但是对于自己认为是负面的一切事物都会爆发出强烈的反应。尽管我们就他的反应程度进行过多次讨论,他还是很难改变。于是,我知道如果在我想要与他讨论某些有可能会导致他过度反应的事情的前一天晚上给他发一封电子邮件,效果会更好些。这样一来,他就可以私下里发脾气(我猜的……我没有目睹),然后在我们面对面谈话之前消化这些信息。尽管对我来说这种方法并不常用,但对这个人来说却非常有效。
>
> ——托德

纠偏性反馈意见经常只是出现在年度考核期间——但是此时团队成员若想再去争取更为积极的考核结果已是于事无补。不应该让任何人感到猝不及防;反馈信息应该随时提出。

"纠偏"意味着员工有能力借助一定程度的指导取得更好的业绩。这种类型的反馈意在让某个人知道,他需要改进自己的行为、态度或者结果——而且你相信他能做到。然而所有级别的领导者都认为，提供纠偏性反馈是一件最困难、压力最大的工作。如果你在这方面没有娴熟的技巧，就可能会伤害你与某个人的关系，毁掉有可能取得的进步。

但是难做并不意味着你就可以装糊涂、粉饰或者躲避。你之所以提出纠偏性反馈，是因为你关心你的团队。此刻你可能会想："那个人永远不会改变"，但你应该给他机会去纠错和学习。毕竟，失败是成功之母。他们有可能真的会给你个惊喜。

如何提出纠偏性反馈意见

可以考虑以下最佳做法：

判断是否应该提出反馈意见。

在有些情况下，给予对方纠偏性反馈是很容易做到的事：

- 如果团队成员的行为严重违法或者会产生直接、重大及复发性的负面后果。
- 如果你认为团队成员不太可能自行纠正某种行为。
- 如果激励性反馈和榜样的示范都无法奏效。
- 如果团队成员真诚希望获得大量的纠偏性反馈。
- 如果此人的行为对团队绩效或士气存在负面影响。
- 如果团队成员未能觉察自己的缺点，没有意识到自己的行为或其对他人的影响。

- 如果该行为属于紧急情况，或者威胁到公司或团队的安全。（这些问题不在本章的讨论范围内，但是显然应该立即协同人力资源部门予以处理。）

———————

我初次做管理者的时候，有一位同事要我观察她的电话销售过程，并就她的改进方式提供反馈。我投入了极大的热情帮助她。我把她可以改进的每一件小事都记在本子上。她与客户会谈结束后，我给了她一份罗列有20条可以改进的事项的清单。我的做法显然超出了她的预期。直到后来我才意识到，她实际上是想要我夸赞她的电话销售方式。我伤了她的心……而且她再也没有向我征求过反馈意见。

那天我不小心让她经历了一次可怕的体验，而我从自己的错误中汲取了宝贵的教训。首先，你应该选择出几个最重要的、对方有能力改变的事项，然后专注于这几件事。其次，了解并倾听你要给予其反馈意见的人，无论他是管理者还是同级别的同事。最后，如果你要应对的是对方的一个盲点，那么你可能需要花费更多时间，利用非常具体的例子，来帮助对方理解你与之分享的内容。

——维多利亚

———————

如果你要求一个人一次改变超过一种或两种以上的行为，那么你可能会很快让他不知所措。无论一个人有多么冷静，多么乐于接受意见，过度的纠偏性行为都会使他们失去积极性，或者让你看上去是决意要与其作对。

作为领导者，你应该对你的战役有所选择。不要用反馈意见连续不断地轰炸某人，那样会让对方感到自己一无是处。如果你不确定是否要开始讨论某个话题，可以思考以下几个类型的问题：

· 这件事让对方感到尴尬的程度是否会超过解决该问题所带来的好处？这件事真的有那么重要吗？它能起到作用吗？你可能讨厌他们凌乱的办公桌，但此事或许并不会影响他们的工作结果。考虑一下让这种念头消失，以便你可以专注于更重要的问题。

· 我是否与他们建立起了足够的信任？如果你只与他们合作了很短的一段时间，应该考虑等候一段时间，直到你让对方充分了解到，你是在关心他们，你的意愿是想要帮助他们。

· 负面的行为是否是对我作为管理者的反应？我曾经有一名员工，每当他在会议上感到不快的时候，就会低头在纸上涂鸦。他的行为让人明显看出，他不想参与其中。当我意识到他通常是由于我说过的话或者做过的事才采取漠不关心的态度时，我正打算向他反馈我的意见。并非在所有情况都是如此，但是，如果比方说某人在会议上不再发言，你应该考虑一下你是否在会议上有些一言堂了，或者上一次他提出意见的时候，你是否有在无意中令其感到难堪（或者使其感到受挫）。

―――――

我的团队里曾经有一位员工，聪明能干，又非常有趣，和她一起工作总让人感到很开心。但同时她也是个比较散漫的人，这使得她经常不能按时完成重要的任务。有一次她负责的一个项目按时完成了。我写了一封电子邮件，表达了对她的表现的认可，同时抄送给了另外几个人。我还特别指出了在行动过程中获取信息对结果的重要意义。每次她按时完成一项任务，我都会表现出略微有些过度的（但却是真诚的）热忱。最终，她在按时完成任务方面越来越努力，不断收到来自我和其他人的积极反馈。尽管她始终未能成为我所谓的"极其有条不紊"的人，但她确实逐渐树立起了自己的声誉，被人看作是一个有始有终、值得信赖的人。

——托德

- 我能否通过激励性反馈来解决这一问题？如果一个人能时而效仿正确的行为，那么如果你看到他们做得对，就要尝试着改用激励性反馈。
- 我能否借助针对正确行为以身作则的方法来解决这一问题？如果你希望团队成员准时参加会议或不在开会时看手机，那就先从自身做起。如果这是你想要的文化，就应该以身作则——而且有时甚至要夸大这种行为。
- 对方是否做好了接受反馈的心理准备？如果对方此时心情烦躁或者压力巨大，那么如果可以的话，你应该等待一个比较好的时机。
- 是这种行为确实错了，还是说它只是与我的做法不同？如果他们可以取得你想要的结果，应该考虑让他们继续以自己喜欢的方式工作。
- 这是否只是我的个人喜好？对于像着装方式、工作期间是否应该戴耳机等这些涉及主观看法的问题，在提出反馈意见时一定要特别慎重。

· 该问题所造成的影响是否严重到必须要通过纠偏性反馈方能解决的程度？如果影响不大，可以考虑顺其自然。一些管理者对每一个无关紧要的行为都会试图纠正，营造出一种令人窒息的氛围。

预先准备。一旦你确定某种行为需要纠偏性反馈，就要仔细规划你提出反馈意见的方式、时间和地点，以及如何处理对方的回应。找出你所观察到的具体行为及其影响。忽略任何与对方人品有关的评判，而只需就事论事。在提出反馈意见时，心里要想着接到别人反馈意见时的感觉。对你的团队成员来说，这是一个极其敏感的时刻。要尽可能明确具体。

> **有用的工具**
>
> 可以利用本章末尾的"反馈计划表"。

事先准备好你想要说的话，以避免即兴发挥。后一种方式会让你陷入无休止的麻烦。尽量不要照本宣科，否则你可能会失去人性或者真实性。如果条件允许，你可以针对此次反馈会面，与一位对这一技巧有深刻见解、更有经验的可信赖的顾问一起练习角色扮演。当你提出纠偏性反馈的意见时，你的下属可能会揣摩你所说出的每个字词隐藏的含义，所以在语言表达上一定要清晰准确。让我一再感到惊讶的是，我10年前说过的话，尽管自己早已完全忘记，但是总会有人将其复述出来，而且一字不差。词语很重要，人们会记住它们，因此选词一定要谨慎。

我经常发现，在提出反馈意见之前把它们写下来能够帮助我：

- 评估其准确性。
- 判断其尖刻度或敏感度。
- 将我的情绪与事情本身剥离开。
- 认真思考具体的例子和影响。
- 确保我专注的是行为而不是个人风格。

——维多利亚

在你让下属知道你要给他提出反馈意见与你实际提出反馈意见之间等待的时间越长，你的下属就会感到越紧张。如果你不经意地对某个团队成员说："嘿，我明天想和你谈件事"，你会引发不必要的焦虑。切勿这样做。大多数人会偏执于所有可能发生的负面因素。一定要尽量缩短"我想与你谈谈想法"与你们实际谈了想法之间的时间间隔。

> **想一想**
>
> ——————
>
> **切勿拖延**
>
> 一旦我意识到必须在一周之内针对某个行为予以反馈，我会尽量让它在一对一会谈中得到解决。如果你拖延反馈的时间，那么你将面临让问题恶化的风险。
>
> ——维多利亚

谈话的开头，要表明你的意图，并且让团队成员做好倾听的准备。一定要完全讲清楚，你的意图是在一个相互信任的气氛中帮助团队成员成长。这样，管理者便不太像是个带来坏消息的人，而更多地像是个帮助员工实现目标的教练。"在开始之前，我想让你知道，我唯一的意图就是帮助你在某些方面取得进步，从而让你能够获得成长。"

————

当一个人有戒心，有敌对心理，或者感到尴尬时，会很难听进去你所说的任何话。在开始谈话之前，我会尽一切努力消除对方的戒心。我一向都是在此时才开始谈话的。我会尽量避免使用"反馈"这个词，因为它会使人变得态度冷淡。我会说："嘿，我想和你分享一些信息。"我会把自己放在与他们平等的位置上，并且让他们知道我只是从上周做的事情中收获了一些有益的想法。"我需要和你分享一些不太悦耳的信息。我知道任何人听到不太中听的话时，都会心怀戒心，这是人类的天性，至少我知道我是这样的。请你相信，我作为管理者的唯一愿望就是帮助你变得更好。"

这样似乎就会让我们处于平等的位置，弱化了对方的防御心理，因为他们会想："他也有过同样的经历。我不是被单独拎出来的。"这会让他们敞开心怀来倾听，并且相信我所说的话。

——托德

在提出让人难以接受的反馈意见时，有时我会遇到有些员工回应说我作为领导者犯了哪些错。如果有可能发生这种情况，我会说："我打算给你一些反馈，而且我能想象得出你有话要跟我说。我很愿意在另外一个时间听你讲，但是本次会议的主题是我向你提出反馈意见。"

询问员工对这件具体事情的看法如何。通过首先弄清楚对方是否已经意识到自己的行为，你可以节省大量的时间和精力。可以考虑开始时这样说："你对上周的客户活动有什么看法？你认为在哪方面进展得不错，在哪方面下次还需要改进？"或者在我的日落餐厅经理的案例中，也可以这样说："嘿，斯科特，我注意到你上菜的速度非常快。你觉得厨房和其他服务员的工作状况如何？"如果他们意识到了自己的行为，那么提供反馈就会变得比较容易。否则的话，你需要花费更多的时间来解释和例证。一定要注意，不要让对方由此主导了对话——如果你有这方面的担忧，那么对该问题的遣词造句一定要非常明确具体。

———

我的风格是确保会谈开始时双方都清楚本次会议的意图。"在开始之前，我想说清楚我们为什么要讨论这个问题。这是为了帮助你成长、提高和实现自己的目标。"

就像我背诵自己主题演讲的开场白一样，我会在会谈之前反复练习这句话，这样我就会确切地知道我想说什么。然后，对话由此展开，但我还是希望确保避免任何尴尬的场面或者错误的开场白。

——维多利亚

———

描述你注意到的具体行为及其影响。纠偏性反馈关注的是行为，而不是性格。你所说的话应该听上去是中立的、不作道德批判的，这样对方才不会感到受辱或者开始对你有戒心。你是在公事公办，而不是在处理私人恩怨。使用诸如"我注意到……"之类的话语，并且在谈到行为的影响时要明确具体。

- 常见错误：你在会谈时太不积极了。

- 改用这种说法：我注意到你在我们最近的两次会谈中没有发一句言。我担心缺少你的信息反馈，可能会导致我们耽误了产品的发布。

- 常见错误：你太容易情绪激动了。

做法 4
建立反馈型文化

- 改用这种说法：我注意到你在与客户通电话时提高了嗓音，而且还在她说话时打断了她。我担心这会有损于你的个人声誉，而我们会失去这位客户的业务。

———

我曾经有一位同事不断收到令他感到不快的反馈。当然，这都是些很难听的反馈，而更糟糕的是，他不知道如何去解决问题。没有人告诉他可以对哪些具体行为加以改进。

在深入探讨这一问题的过程中，我得以在一些简单的事情上指导他，比如写电子邮件时先用一句问候的话开头，而不是直接提出要求。他认为这是浪费人的时间，而这种想法是可以理解的。我给了他一些简单的例子，尽管这些例子对某些人来说是显而易见的，例如："嗨，蒂娜，希望你周末过得愉快。不知道你是否有时间看了我发送给你的信息？"对比"蒂娜，你是否看了我发送给你的信息？"或者"山姆，我知道你很忙，有很多事情要做，但是我希望你可以帮我找一些数据，不需要占用你太多时间"对比"山姆，我需要你找一些数据"。他试着采纳了这些建议并取得了进步。

我知道这听起来很简单，但不要以为每个人都和你的想法一样，或者都能看见显而易见的东西。他们看不见。也可能是你看不见。

——托德

> **想一想**
>
> **反馈的关键**
>
> 尽管新手领导们有时会强调问题本身，但是意见反馈工作的最重要部分却是情感方面的管理。这或许是许多领导者完全避免涉及此类谈话的原因。应该投入大量的准备工作用来应对谈话过程中可能出现的情感问题。
>
> ——托德

要认真听取意见接收者的反应，并做出适当的反应。尽管你对员工越了解，你就越能更好地预判他们的反应，但是如果想预测一个人对纠偏性反馈的反应，仍旧是一件不容易的事。有时候，人们会对自己的说辞加以辩护或者解释。他们会给出理由或者"为什么"。我对"为什么"相当宽容，但对"是什么"却不能宽容。我知道总是会有许多的"为什么"。有一些我可以想办法处理一下，而有一些则不能。最重要的问题是，现实如此，无法改变。所以我接下来会说："我之前不知道你生活中发生了这种事。听上去确实很棘手，但无法改变的是，我们必须找到解决这一问题的办法。让我们一起讨论一下该怎么办。"

在对话过程中，不要担心情绪的生理反应如何：脸红、情不自禁地流泪、紧张的肢体语言、出汗。允许某人反应片刻，而不必非得感觉事情要立刻得到处理。不要对此加以任何评判。如果其反应妨碍了反馈的传达，可以给员工一点时间让他恢复理智。

> **想一想**
>
> **审视自己的角色**
>
> 一个人在接收到纠偏性反馈意见后，会向你解释"为什么"。在倾听这些原因的时候，你应该考虑自己在其中的影响程度。你对他们委派的任务是否过重？你是否转换了工作重点？你是否清晰准确地表达了自己想要的成果？这个人是否具备完成这项工作所需的技能？
>
> 如果我也参与制造了"为什么"，那么我或许还应该先帮助解决这一问题，然后再去对"是什么"施加影响。
>
> 你应该清楚自己什么时候可以提供帮助，什么时候需要提出进一步的建议。我也许是一位好教练，但我不是心理治疗师。他们或许需要寻求外部咨询服务来解决自己更棘手的"为什么"，比如：旧时的创伤、注意力障碍，以及紧迫的家庭问题。
>
> ——托德

帮助员工承担起改变其自身行为的责任。你可能会发现某个团队成员不愿意为其行为承担责任。在这种情况下，你或许可以这样说："你是否意识到你的行为是造成这个问题的一个原因？"或者"你是否同意这种行为需要改变？"如果此人躲避承担责任，那就继续举例说明问题的严重程度及其负面影响。

共同制订一项行动计划。你的下属已认同了问题的存在，并且同意自己有责任解决此问题——下一步该做什么？共同制订一项行动计划。要让对方了解你期望什么样的行为，并且认可你的期望的合理性。

在大多数情况下，如果行动计划是这位员工的主意，而不是你的，那么结果会更好。尝试着问一些类似这样的问题："我们已经就需要改进的方面达成了共识。你会采取哪些不同以往的措施来实现这一目标？"如果他们无法构想出一个计划来，可以给他们更多的时间，或提供一些建议。

对谈话内容进行总结，并对团队成员表示感谢。在双方就某项行

对反馈意见的六种最常见回应

有多少种类型的人，就有多少种对反馈意见的回应。没有哪两个人的反应会是完全相同的，不过我们发现存在以下六种最常见的反应类别：

1. 自我开脱型

表现方式：当事者承认问题的存在，但却不愿为此承担负责。"我知道我总是回避冲突，但我就是这种人"或"只有简说的话团队成员才会听，所以我不愿发表自己的看法"。

背后原因：当事者可能不愿意承认自己需要改进，于是为自己的行为编造理由，从而将自己变成受害者。

如何处理：如果你听到这类话，应该思考一下有可能是什么原因让这个人害怕承认问题的存在、害怕做出改变。和他聊聊你在哪

些方面接受过别人的意见，帮助他理解每个人都存在可以改进的方面的道理。并且让他知道，尽管有些事情是他无法控制的，但他的影响力可能会超出他自己的想象。

2. 过度反应型

表现方式：当事者对提出反馈意见的人大发雷霆，而且经常还会反击。没等你说完第一句话，他们就会告诉你，你有多么的不对。"你为什么找我的茬儿？我为这家公司卖命7年了"或者"好吧，那是你的看法"。

背后原因：无论出于何种原因，这个人都无法接纳别人的批评甚至教导。反馈意见会触动这种人的神经，于是变得情绪失控。

如何处理：这些人需要控制住自己的情绪才能进行有建设性的对话。"我理解你对此的看法，也知道你很生气。但是，作为你的上级，我的职责要求我做出主观判断。下面这件事必须要有所改变……"

3. 完美主义型

表现方式：当事者会因"让你感到失望"而情绪极差，以至于你能看出并且感受到他们心理上的创伤；哪怕是极其轻微的意见也会引起他们极大的痛苦。

背后原因：完美主义者会完美地完成99%的任务，因此他们的确不需要太多纠偏性反馈意见。然而当他们确实需要时，那对他们简直是致命的，因为他们从一开始就认为自己所做的一切都是对的。他们希望每一次都做得完美。不是因为傲慢自大，而是因为作为你的一名优秀员工让他们感到无比骄傲。

如何处理：用一些轻松的玩笑让他们放松一点："我想给你点儿

反馈。因为你是明星中的明星，所有事情都做得非常棒，所以我注意到，如果存在一些你或许可以稍微改进的地方，你会感到很难接受，因为你觉得你让我或其他人失望了。我想让你知道，你并没有让我们失望。所以，让我们承认问题的存在。"这些了不起的员工通常会大笑起来，然后做出类似这样的回答："是的，你是对的。告诉我吧，我需要在哪些方面加以改进。"

4. 装腔作势型

表现方式：当事者会听你讲话，而且通常会同意你的意见——然后一切依然照旧。他们表面上看起来欣然接受了反馈意见——实际上他们还会经常征求反馈意见——但是随后又马上返回到以前的老样子。

背后原因：他们过于固守自我，不会做出任何改变。装腔作势型的人并不是坏员工，但通常只是想要得到激励性反馈。因此，他们会不断地以寻求反馈意见为幌子来寻求赞美。他们会假装接受所有反馈，但实际上却只看重那些让他们感觉良好的反馈。

如何处理：你可以这样说："在我给你提出反馈意见之前，我想先谈谈之前的感受。你想进步，想改变，但是你还记得吧？上次我们谈到你迟到的习惯时，你说过你会努力，但却没有见到丝毫改变。所以，既然我们谈到这一点，我们可否再进一步，讨论一些我们能看到实实在在变化的行为？你希望为自己设定什么样的目标？我们应该如何衡量你的进步？"

5. 多愁善感型

表现方式：无论面对何种类型的反馈意见，这种人都会变得非常情绪化，而且通常会流下眼泪。

背后原因：尽管可能有多种原因，但要清楚，这可能是自然反应。

如何处理：事先备好纸巾——尽管这么做可能会显得过于明显。要感觉灵敏，善解人意："我知道这件事会让人情绪激动，我理解你的感受。你是需要调整片刻，还是希望过后再接着谈？"要重申你的意图是帮助他们把事情做成。

6. 成熟的自我改进型

表现方式：当事者会承认问题的存在并且承担起解决问题的责任："我知道我不爱冒险，而我真心想要在这方面有所改善。"

背后原因：这是一个有自信心的人，他知道每个人都有需要改进的地方，同时会将纠偏性反馈视为改变的机会——并且会真诚地对此表示感激。

如何处理：称赞此人的成熟心态，并对他们愿意为自己的行为承担责任表示赞赏。

——托德

想一想

如果对方行为未发生改变该怎么办？

在你与某个员工进行了谈话并且制订了行动计划之后，如果你发现这个人的行为并没有改善，你应该询问这位员工的行动计划进展如何，是否有需要你帮助的地方。

如果你已对其多次提及该问题，就应该非常明确地指出，如果他不改变行为将会有什么后果，比如书面警告、降低绩效评分，甚至是终止工作关系。

可以用类似下面的语言与其交流："我很欣赏你在我们谈话之后在改变自身行为方面所做的努力。遗憾的是，我们还没有看到令人满意的改进。我们目前即将实施一项正式的绩效考核计划，而你有可能会因此失去你的职位。"尽管每个组织都有各自处理绩效问题的程序，但是你的人力资源团队应该参与其中，而且通常需要准备相关文件。

——托德

动计划达成一致意见后，先口头回顾一下双方认可的内容，然后再以电子邮件的形式确认。"我想简要总结一下我们今天谈论的内容。我们两人都认为你应该按期完成任务，而且我们还制订了一项计划，以帮助你实现这一目标。非常感谢你为此付出的努力。我相信这将对我们团队的绩效产生重大影响。"

提供支持。在这件事上，最关键的是方向的正确性，而不是昙花一现的完美。在接下来的几星期里，不要要求团队成员再去改变其他行为，以免造成他们负担过重；给他们时间去进行调整。一旦他们的行为发生了改变，就要给予激励性反馈。你们之间定期的一对一会谈是为可持续的改变提供所需支持的极佳时机。

技能3：征求别人对你的反馈意见

有时候我喷了点儿古龙香水，我以为我的用量恰到好处——然而我妻子却说："你在开玩笑吗？到外面转悠5分钟再回来，免得我患上哮喘。"

我闻不到自己的香水味是有生理上的原因的（我们的大脑会过滤掉熟悉的气味）。我们在工作上的表现也是如此：我们会对自己的弱点、怪癖、障碍和习惯变得麻木。我们需要别人把它们指出来，以免让某些人突发哮喘。

———

我闻到过斯科特身上的古龙香水味，而且我同意他妻子的看法。

——托德

———

尽管请别人给自己提意见会让你处于弱势的位置，但是你必须要去渴求别人的意见，并且将其变成你的个人品牌。就我本人而言，我一直在不断地询问别人对我的意见，并且相信我所取得的每一项成功都得益于我所征询到的反馈意见，而且我在接收意见时所体验到的痛苦，不亚于我对它们的渴求程度。

在我的团队经历了一段动荡时期之后，我决定召开一次专题讨论会来重新调整方向。我在客户那里也常常会主持这种会议。我采用了一种颇有创意的方式讨论当前的形势：我要求每个人将其对团队目前状况的看法用笔画出来，展示出我们在沟通、执行力、团队精神、协作、目标成就等方面的现状。这项活动让员工感到轻松愉快。由于不必对坐着讨论问题，员工可以充分发挥他们的创造力。

　　我的团队非常喜欢这个主意，并且开始立即动手做了起来。在一名团队成员画好的图画上，有一架疯狂地高速飞行的飞机，机长是我，脖子上戴着一条绿松石色的围巾（那条围巾我在现实生活中显然是戴过太多次了），而团队成员们正在一片混乱之中执行着疯狂的任务。那幅画会永远地铭刻在我的记忆里。

　　尽管面对这幅画时我的心情不是很愉悦，但是我为自己团队成员的坦率感到骄傲。既然我们的问题被摆在了桌面上，我们就可以着手解决这些问题了。那天我从他们那里学到了很多东西，而那幅画则是一个有意义的、新颖的获得反馈的方式。在办公室里，不必拘泥于一对一谈话这一种交流形式。

——维多利亚

　　多年以来，我对征求反馈意见的时间和对象变得越来越审慎。我必须根据自己的优先事项、能力和价值体系仔细评估我得到的反馈意见，而不是草率地接受最后一个与之交谈的人的意见。在你接受反馈的过程中，一定要建立起对语境和准确度的意识：是一个人这样说还是17个人都这样说？

你的团队会是你最重要的信息反馈来源之一。但是他们通常不愿意给你提意见。他们会很谨慎，因为他们听说过——或者经历过——管理者打击、遏制员工的职业发展，或者干脆忽视他们的事实。你的工作是确保他们有安全感，敢于对你讲真话。

―――――

由于你处于领导的位置上，你的头衔便成了一种潜在的威胁。它可能会对意见的反馈构成障碍，因此你需要付出额外的努力去寻求反馈意见。

——托德

―――――

有很多充分的理由要求你去积极地征询团队的反馈意见：

· 它能创造出一种蓬勃向上的反馈文化。你越多地征询反馈意见，你的员工就越愿意给你提出意见，而且他们自己也更愿意接受意见。

· 它有助于你的个人成长。正如你的团队能够从反馈意见中获得成长一样，你也会从中获得提高。这种做法会帮助你提高技能，保持谦逊，控制自我情绪。

· 它会为你的团队树立起如何接受反馈意见的榜样。忠言逆耳，良药苦口，所以你应该尽量以身作则，让员工看到你如何能够有风度地接受反馈意见。

· 它有助于让团队有被倾听、受尊重的感觉。如果你能感觉到团队成员在心里有事时会随时找你沟通，那么这对消除怨恨、谣言以及其他有损团队凝聚力的因素会起到很大作用。

获得有效反馈意见的六个步骤

利用我们的"六步"法来寻求并获得可行的反馈意见：

1. 事先让员工做好准备并表明你的意图。亲自到员工的办公室去征求他的反馈意见会让他处于现实的场景之中。大多数人都会这样说："噢，嗯，老板，会议开得不错！"这种反馈没什么用。与之相反，你应该事先让他知道，你希望针对某个问题（比如，你在召开团队会议的效率方面）征询他的意见。告诉他你确实想要在这方面有所改进，从而让对方产生安全感，并且愿意帮助你。然后，安排一个时间，不过在此之前，最好与之进行一两次会谈，这样他们就可以有机会思考自己想要说什么。

如果你还没有建立起征询团队成员反馈意见的习惯，那么在建立信任方面就需要你多做些工作。要坦诚地解释你为什么要征询意见。切忌让你的下属猜测你寻求反馈意见的动机。

在向什么人征询反馈意见这个问题上，不要单纯地挑选你的拥护者或批评者。应该涵盖各种类型的人。

2. 寻求翔实具体的反馈意见。诸如"我作为管理者的表现如何？"之类的一般性问题不会让你从对方那里获得很多见解。你应该提供更多的背景信息和你希望改进的具体方面。例如，我曾经请员工们观察我的演讲，然后用电子邮件将评论发送给我。有些人在电子邮件中会比面对面时更有勇气，而且这样一来你也可以有一些空间用来消化他们的评论。

使用"建议"或"信息"这样的词语来取代"反馈意见"。选用能让对方感觉到你是在请求他分享其专业知识的表达方式，以避免触碰到对方的痛点。比如你可以说"我非常需要你能在如何更好地表彰团队成员的贡献方面给我提些建议"或者"针对我的电子邮件沟通方式以及我在这方面如何改进，你能否给我出些主意？"

主动提供一些你以往收到的反馈意见的例子。这是在向对方示意，你知道自己并不完美，并且愿意接受反馈意见。例如，"以前有团队成员跟我说，我在分配任务时不够明确。这种意见对我非常有帮助，而我正在这方面努力改进。"

3. 带着同理心倾听。利用你在做法2（定期进行一对一会谈）中学到的移情聆听技巧。不要打断对方的话。控制你的情绪，认真倾听，只提出以澄清事实为目的的问题。在收到难以接受的反馈时，你可能会感到沮丧。或者你可能会想说："你在跟我开玩笑吗？你知道我的工作有多难做吗？"这种话是保证你再也听不到诚实反馈意见的最佳方式了。

原谅令人尴尬的反馈方式。许多个人贡献者并没有接受过如何在工作场所提出反馈意见的培训，而且很少有实践的机会。这导致他们在提意见时可能会显得太直白、犹豫不决或者有些粗鲁。忽略他们提意见的形式，把注意力放在他们所说的内容及其背后的意图上。

回顾一下本章前面所讲的"技巧2"中的"对反馈意见的六种最常见回应"。你是否发现自己是其中之一？你是否需要对自己的反应进行相应的管理？

4. 感谢对方的反馈意见。当我有时间可以消化反馈意见并且经受了几个难过的阶段（愤怒，愤怒，愤怒，否认）之后，我会与对方面对面倾谈。

收到反馈意见时，我的第一反应是大为恼怒，这可能和世界上所有人一样。但是，你不能把人家引诱到你的洞里，然后又变成一条忘恩负义的毒蛇。如果你请求某个人冒险来谈对你的看法，那么你就不可以惩罚他们，与他们为敌，或者以任何方式让他们感到后悔（主要表现为变得有防备心理）。因此，你应该说些类似这样的话："虽然你的反馈意见很难让人接受，但是我非常感谢你愿意与我分享你的意见。"

谦卑且真诚地表达感激之情。提出用来澄清事实的问题，但要注意不要将问题表述成自我辩解（例如，"那么你认为设定高标准不重要？"）。

对方愿意分享反馈可能并不容易，因此要对他们表示尊重。将来你会更有可能同样从他们那里获得反馈意见。

5. 评估反馈意见。当一名下属或其他人表达出了他的反馈意见后，你有三种选择：接受，不接受或进行进一步的调查（例如，向你的管理者、同事或其他下属人员征询有关同一行为的反馈意见）。

这需要辨别能力。你收到的反馈意见有可能没有帮助或者无关紧要（一个同事曾经收到意见说她太矮了）。有时甚至可能与你无关。有一次我正在试运行一项活动并且让一些同事对其进行评价。结果，我的一位同事推翻了所有的工作，其中包括所有其他人都极力赞扬的部分。我开始感到失去了自信，但随即我意识到，她的这种反馈意见似乎与这项活动毫无关系，而是事关别的事情，或者别的人。我对她表达了感谢，然后决定不针对这一特定反馈采取行动。

6. 承诺采取行动。无论你最终会做出什么样的决定，你都应该在初次交谈期间或者经过深思熟虑之后，让给你提出反馈意见的人知道你今后的打算。否则的话，或许连你自己也会说，他们不该信任你。因此，可以考虑这样说："我非常珍视我们的讨论以及你所分享的所有内容。我会认真考虑你和其他人提供的信息，然后决定我需要关注的重点。再次重申，我觉得你的意见非常有价值，希望你以后依旧愿意与我分享你的反馈意见。"

没有人从一开始就能完美地提出和接受反馈意见，但这是完全正常的。不过，熟练地掌握这项技能是一名出色的、你的团队值得拥有的领导者所应具备的显著特征。

我的行动与洞见

稍事回顾一下本章所谈及的做法,并将最能引起你共鸣的洞见写在下面:

_____

_____

_____

_____

_____

写下两三项你想要实施的行动。

_____

_____

_____

_____

_____

做法 4 工具

反馈计划表

通过回答下列问题，为提出有效的激励性或纠错性反馈意见做准备。

需要这项反馈意见的个人或群体：	
详细信息记录	
我注意到的问题是什么？ 示例：瑞克在会议中抢别人的话。	
围绕这一问题有哪些明显的行为和事实？ 示例：在前两次会议中，他打断了同事的讲话，还抢占了我的演讲时间。	
该问题对工作结果有什么影响？ 示例：员工们说，由于他占用了太多的发言时间，他们便不愿意在会上发表意见。开会是我们与生产团队讨论问题的唯一机会。如果不能获得每个人的信息反馈，我们有可能会面临产品延迟的问题。	
制定对话路线图	
我会在何时何地分享此项反馈信息？	
我打算如何开启谈话？ 示例： ·"瑞克，我想谈谈对今天会议的看法。你能抽出几分钟时间吗？" ·"瑞克，我注意到……它影响到了……" 我预计这个人或群体会做出什么反应？我打算如何回应？	

我想要问哪些主要问题？ 示例： ·"你能帮我理解一下为什么会这样吗？" ·"你今后可能会做出哪些改变？我如何能帮到你？"	
我打算如何结束谈话？ 示例： ·"感谢你为此付出的努力。看起来我们一致同意你将做X，我做Y。" ·"我会发送一封电子邮件，总结一下我们双方一致同意的内容，然后让我们在[填写日期]开始跟进。"	

做法 5

引领团队应对变革

做法 5
引领团队应对变革

大多数人都认为变化是好的——但条件是，那必须是他们自己的想法。如果是别人的主意，那可就远没有那么舒服了。正如麻省理工学院科学家兼管理学专家彼得·圣吉（Peter Senge）所言，"人们抗拒的不是改变，而是被改变"。

伟大的领导者必须引领变革，哪怕这种变革源于公司总部、外部顾问、客户需求、经济动荡或竞争对手。作为一名初级领导者，摆在你面前的大多数变化都会是别人的想法。

————

我们公司有一位领导，他对自己的团队成员和管理者都有着举足轻重的积极影响力，部分原因在于他不仅能够执行变革，而且还能成功引领团队应对变革。我叫他保罗，因为那是他真实的名字。

保罗在担任基层领导时，难以理解公司实施的一项新的入职流程——部分原因在于他自己对此并不认同。他担心新的流程会给他的团队（和他个人）的生活带来不必要的麻烦。他仔细考虑了自己的顾虑，以及他作为领导者的

159

职责应该是为自己的团队扫清前进道路上的障碍，帮助他们实现目标。与此同时，他也希望帮助公司实现更大的目标。

在一次销售会议上，他碰巧有机会与公司的首席执行官交谈。在他们私下的交流中，保罗怀着敬意表达了自己的顾虑。他简短地说："我想要让我的团队知道，我对新的入职流程百分之百支持，但是老实跟您讲，我并不支持。如果我能更好地理解公司为什么要这么做，我相信我会支持的。您是否愿意告诉我，我们为什么决定实施这项流程？"

经过坦诚透明的讨论，保罗不仅对新流程背后的原因有了更深入的理解，而且还知道了应该如何更有效地执行这项改革。他甚至还影响到了与他有相似顾虑的其他领导者。

保罗的行动给我们的首席执行官留下了积极、持久的印象，这也是促成他如今有如此重大的影响力的因素之一，而与此同时，他也从基层领导晋升为一名高管。

如果你读到这里时想："保罗是不是只擅长于'向上管理'？"那你就是不了解保罗。保罗以及和他一样的其他领导者，在力求理解"是什么"背后的"为什么"时，都会表现出超乎常人的勇敢与脆弱。而初级领导者做到这一点的一个最有效的方法就是成功引领团队应对变革。

——托德

需要明确的是，"引领应对"变革不意味着发起变革。在上面提

到的保罗的故事中,他并不是那项入职流程的制定者。他是被要求实施这项流程的。尽管他一开始就感到对此难以接受,但他有足够的勇气、成熟度和谦恭去请求领导帮助他理解这一变化,以便自己能够真正心悦诚服地接受。

许多领导者可以在顺境中取得成功,但领导者的真正勇气是在不确定的时候凸显出来的。当变化出现在你面前(而且它一定会的)时,它无疑是对你的领导能力的一次最大考验。那些能够表现出耐心、毅力、情绪稳定、韧性和自信心的领导者对组织及其团队而言是最有价值的。

普通思维模式	有效思维模式
"我控制并且限制团队的变化。"	"我与团队一起支持改变。"

企业家兼作家赛斯·高汀(Seth Godin)写道:"在当今世界里,下在乱局上的注,才是最安全的赌注。"我们的周围充斥着各种变化:裁员、兼并、领导层改组、战略转换,以及制造问题多过修复问题的所谓"有帮助的"软件升级。你的一个最重要职责就是在动荡不安期间保持团队的生产力。你不能只专注于变化的运作方法——流程、任务和培训。你还需要认识和解决变化的情感面。而后者是变革措施最常脱轨的地方。

没有什么能比你对待变化的方式更能深刻地影响团队适应变化的能力。如果你本人抗拒变化或者感到不知所措、困惑或是怀疑,那么

161

你的团队就会怀有同样的心态。

富兰克林柯维变革模型

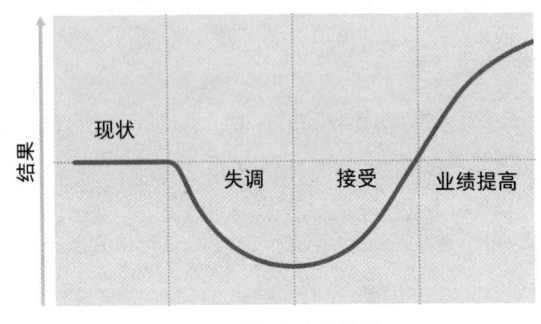

[图：纵轴为"结果"，曲线经过"现状"、"失调"、"接受"、"业绩提高"四个阶段]

富兰克林柯维变革模型

大多数人认为，组织范围的变革结果通常是无法预测的。富兰克林柯维的"变革模型"提供了一个工具，帮助所有人成功走过变革推行过程中的四个常见阶段。

警告：变革管理是一个需要深入研究的课题，也是许多关于组织发展的论文的主题。本章不是一篇这样的论文。我们特意制作了一个简单、清晰、可操作的模型，旨在帮助领导者驾驭变革中的情感问题。

该模型为一个看上去极其混乱的程序赋予了逻辑性和可预测性。它可以用来诊断你的团队对正在发生的变化（以及你自己的变化）的反应，同时帮助每个人顺利走过最艰难的过程，最终接受变化并且主动实施变化。

记住下面这个词会对本做法后面的部分很有帮助："一掠而过"。这个词意在提醒你，在上述模型中的任何一个阶段里都不要过度沉涵,或者踟蹰不前。它会帮助你承认每个阶段的存在,投入足够的必要时间来应对其中的挑战,然后继续前行。根据组织的文化(包括你自己)对变化的不同容忍度,每个个体、团队和组织的具体情况会各有不同。你所要做的不是去试图缩短或消除任何一个特定的阶段;相反,你应该努力让用于每个阶段内的时间在合理的范围内尽可能短,而且变化幅度尽可能小。有时候,只要承认你所在的阶段就足够了。

这一模型根据人的自然情感反应将复杂的变化过程分为四个阶段:

- 阶段1:现状。在发生变化之前,你和你的团队正在像往常一样地工作着,而且每个人都感觉比较舒服。在某些情况下改变也会受到欢迎,但那很可能是因为这种改变不过是理论上的。然而,当改变真正落到你和你的团队头上时,理论上的改变即刻变为现实。

- 阶段2:失调。当所有人对这一消息及其对自身的影响做出反应时,人们开始情绪激动,业绩开始受损。这是充满压力和不确定性的时段。随着人们对信息的相互讨论以及情况在某种程度上逐渐清晰化,你停止了情绪反应,开始有意识地为你的团队和你自己制订行动计划。

- 阶段3:接受。抵制和压力转变成接受,或者对其他人来说是听任(有时是辞职)。你和你的团队寻找适应变化的方法,学习新的工作方式。在即将走出该阶段的时候,你或许能开始看到结果的改善。你也可能会发现自己所面临的完全是错误的决策或有缺陷的策略。

- 阶段4:业绩提高。变革计划已基本实施,而且在理想情况下,你和你的团队应该取得了更好的结果。即使你们力不从心，变革计划遭遇失败（而且许多确实是失败），你和你的团队也可能已经提高了适应能力，并且为能够在下一次变革到来时引领团队走出困境赢得了声誉。

变化是一个了无章法的过程，但是通过意识到这四个阶段，我们可以更好地接受它，尤其是当你能够促使这些阶段变得一掠而过的时候。

你还可以利用这一模型来判断每个团队成员某个特定时间在情绪曲线上所处的位置。没有哪两个人对变化的反应方式和速度是相同的。但是如果你能说出"肖恩位于第三阶段，而梅根仍停留在第二阶段"，那么你就可以对问题进行单独处理了。

优秀的领导者能够帮助团队成员尽可能快速且平稳地到达第四阶段。在第一阶段为变化做准备，在第二阶段和第三阶段进行情绪管理，将有助于确保团队的变化曲线能够一掠而过。

最后，你也可以利用这几个阶段来处理你自己应对变化的过程。不要对你的情绪、恐惧和困惑轻描淡写。你也许需要将这些东西暂时屏蔽，以便集中精力关照团队成员的情感状况，但是不要让这种临时的暂停模式变成永久的回避。要坦然地私下里与你的管理者正面讨论你的顾虑。如果对方没有给你提供一个安全的环境让你这样做，那么就去找另外一个你可以吐露顾虑的高管。你应该得到一个可以表达自己恐惧和不确定性的安全的避风港。应该注意的是，你仍需要在团队面前表现出适当的信心和气势。平衡这两者可能会让你感到不协调，

做法 5
引领团队应对变革

但是这是每位领导者在变革期间都要面临的压力。

————

在全球金融危机期间，我在一家大型公司工作。当时我们部门需要大幅削减成本。到处充斥着关于裁员的传闻，员工们的压力也是可想而知的。

我当时正领导着一支高效能学习和发展团队。团队成员们开始忧心忡忡，不知道谁将会是第一个离开的人。我把他们召集到一起说："听着，我不知道会发生什么。没错，我们可能需要让某个人离开我们的团队。但是，就在我们感到恐慌的时候，公司里的每个人都有同样的感觉。这会降低我们对客户服务的质量，进而影响我们的业绩，最终影响到我们的命运。让我们讨论一下大局，以及我们将为此做些什么。我们需要继续展示我们团队为组织带来的价值。"我还坦率地告诉他们："我不知道何时能获得更多信息，也不知道我能得到多少可以与你们分享的信息，但我会尽力做到信息透明。"

我做好了不得不辞退团队中的某些人，甚至是自己被解雇的心理准备。我和丈夫讨论了这个问题，并且一致同意，如果我的整个团队（包括我）被撤销，我们需要一个B计划。从那一刻起，我建议其他人也这样做：如果你即将经历充满挑战的时期，就制订一个B计划。然后将其搁置一旁，以便你可以专心投入当下以及实施A计划。

最后，我们接到了命令，需要裁掉团队中的许多位经理。我们有48小时的最后期限来做出决定。我和其他几位经理被委派组成一个小型工作组来完成这项任务。我们知道我们必须这样做才能挽救公司，同时我们也知道，任

165

何一个被解雇的人都会遭受严重的影响。我们列了一个名单，然后不得不逐个找来这些经理谈话。这是一个我永远不会忘记的可怕的过程。

当你不得不作为一个传递坏消息的人时，你很容易会把自己或者自己的感受掺杂进去。就这件事而言，我为经理们感到难过极了，甚至到了想哭的程度。但是你必须劝说自己不要这样。提醒自己，这并不是我个人的事。对于清楚地知道自己为什么被叫来谈话的人，我该怎么做才能尽可能让这个人体验到人性的关怀呢？

要知道，这件事发生在48小时内，而与此同时我们还需要运营业务。每个人都有着不同的反应：愤怒、震惊、拒绝接受。我们利用上述"变革模型"帮助所有可能会失去团队成员的经理做准备，并且告诉他们如何应对不同的反应。我们提醒他们注意，团队成员可能会大发雷霆。他们可能会哭泣或变得情绪化，而面对这一切，你需要扮演一个更成熟的人。不要在意他们的这些反应，包括他们可能会对你说脏话。没关系，因为这不是你个人的事。这件事的意义在于帮助他们度过一生中最糟糕的一次经历。

震惊和反应的时间可能会持续得比你想象的要长。在这起事件中，员工心中的"公司是一个稳定的金饭碗"的思维方式被颠覆了。在此之前，人们感到是那样的安全。即使我们部门从一开始就没有表现不佳，但是我们还是不得不努力恢复那种"优胜团队"的感觉。

——维多利亚

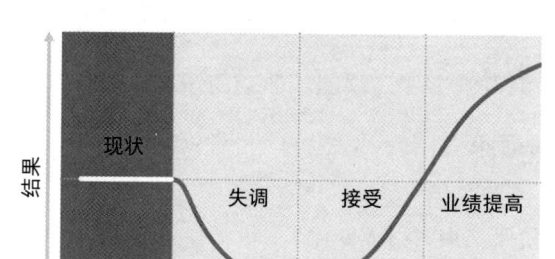

技能1：在第一阶段为变革做好准备

（图：纵轴"结果"，曲线从"现状"下降经过"失调""接受"再上升至"业绩提高"）

想一想

反思你对变化的容忍度

在引领团队应对变革的艰难期之前，你需要了解自己的情感反应。回顾一下你以往面对变化时的反应。如果你的反应是负面的，你应该去查找原因。是你不信任管理层？害怕失去工作？对没有人询问你的意见感到不满？对其造成的麻烦感到气愤？担心或是害怕自己的技能不足以应对这种变化？

回想一个你当前或即将面临的变化。暂时将你的个人日程表和要务放在一边。认真思考一下这一变化为组织带来更大利益的可能性。你如何能够更好地适应变化？这种干扰是否反而能够提高你的重要性和影响力？

——托德

"现状阶段"位于变化发生之前。此时你和你的团队成员都很舒服，而且尽管并非每一件事都很理想，但是你们还是慢慢学会了变通的方法。事情是可预测的。正因如此，现状阶段持续的时间越久，当变化来临时，你的团队做出负面反应的可能性就越大。

在第一阶段结束时引入变化

当你意识到自己作为初级领导者所处的不寻常的位置时，你就开始成了变革的拥护者。一旦组织下达了变革的指令，你需要立即表示支持，然后奋战在执行变革的第一线。但是，新手管理者常常会以为这意味着他们要么自己承担全部负担，要么减轻变革对团队的影响。新手领导者还有可能犯另外一个错误：以为如果他们形成一种"我们与他们对抗"的思想，自己就能赢得团队的信任，于是他们会和团队一起批评或者诽谤改革。

最好的做法是认识到每个人都需要尽快适应变化。你越将团队与新方向隔离——从而使之孤立——当新战略固定后他们的安全性和重要性就会越低。

你的角色通常是位于制订变革计划的领导层与最终受影响的员工之间的缓冲人。你不仅需要处理好自己对变化的情绪，而且还需要为团队的惶恐不安做好准备。

传达变革内容时做到简单明了，同时表现出对下属内心的担忧和感受的尊重，是积极启动变革计划的关键。下面提供一些顺利完成这项工作的最佳做法：

事先做好与你的上司或适当的利益相关者之间的信息沟通。你是否了解执行此次改革的原因？对此将采取什么样的评测方法？领导者们预计这项计划将会持续多长时间？如果你自己不了解情况，你就无法让员工随时了解情况。随时准备去咨询你的老板或其他利益相关者，而且如果你意识到他们可能无法回答所有问题，并且会有一些需要给予理解的模棱两可，你应该采取一种好奇、乐观和开放的态度去询问。如果每个人都知道每件事该怎么做，那么变革计划就永远不会失败。然而实际上，如果从长远来看，变革举措的失败率达到了惊人的75%。

跟进公司针对整个团队进行的改革的相关消息，最好是你亲自来做。即刻召集所有人，向他们解释目前的情况，以便所有人都能在同一时间以相同的方式同时听到你对事件的解释。这样做可以最大限度地减少因员工接收信息的不同顺序而造成的疑惑、传言或愤怒的可能性。要对远程工作的团队成员给予特殊的关照——要和以往一样通过视频而不是电话将他们纳入团队讨论中，以便你们相互之间能够更好地判断各自的反应。

要坦率、全面、清晰和公平。即使某个消息可能会带来积极的结果，大多数人还是会将改变与不好的事情联系在一起。悬念或者容易引起歧义的语言只会在无意间增加忧虑和恐惧。表达要直接而明确。要让你的肢体语言放松，语气沉稳，避免使用专业术语和公事用语。

> **怎样说**
>
> ---
>
> **如果你尚且不能接受变革**
>
> 如果你仍然对变革持消极态度，应该考虑同你的上司谈一谈你的顾虑（也许是在定期的一对一会谈中），就像我讲的故事里的保罗那样。
>
> 试着这样说："嘿，我能和你预约个时间吗？我想了解一下此项举措及其对我们团队的影响。我的目的是加强对它的理解，进而能够更好地执行。我可能会跟你说一些不满和质疑，但是请不要将此误解为我对变革的抗拒。"如果处理得当，绝大多数领导者都会愿意接受这种请求。
>
> ——托德

如果大家认为此项变革是负面的，不要为了让你自己在团队成员心目中显得更高大而恶意中伤那些负责此项变革的人。要向员工坦言严峻的现实，以示尊重他们的理解力和应变能力。如果有员工被辞退，要如实说。如果还会有更多的人下岗，也必须承认这一现实。如果此次变革会很艰难，接受现实，但同时要跟进具体信息。你的员工会应对当前发生的一切，但条件是他们能够把握和处理全局。大多数人都可以对付坏消息——他们只是讨厌模棱两可或者推托之辞。

做法 5
引领团队应对变革

———

我曾经和一位管理者共事。这位管理者感觉总需要有个敌人的存在才能让他成为英雄。他总是让公司扮演坏蛋的角色,这样他的团队就会看到他在为他们的利益而战。尽管可以清楚地看出他们对他的忠诚和感激,但是这确实会影响工作的进度,因为根本就不存在真正的敌人。我认为,这种现象在领导者们当中可能比我们想象的更为普遍。这可能会带来短期的情绪高涨,但归根结底是自利的,不可持续的。

——托德

———

使用"我们",而不要用"他们"。 要抑制住将组织变革归咎于"管理层"的冲动。对你的团队来说,你就是"管理层"。即使你对正在发生的事不负丝毫的责任,将自己与之撇清只能制造一种无力感,以及一种具有潜在毒性的"我们对抗他们"的态度。公布消息时,应力求保持中立和坦诚的态度:

糟糕的表述:"你们简直不能相信,我们要和竞争对手X合并了。这是管理层做出的决定,而对此我无能为力。"

较好的表述:"我得到了一些重要消息:我们将要与竞争对手X合并。我知道这可能会让人感到震惊——我自己也仍在消化这条消息。让我告诉你们到目前为止我所了解到的信息,然后我想听听你们

171

的问题和忧虑。"

清楚地表述变革会对团队造成怎样的影响。人的天性决定了我们想知道变化会对自己造成怎样的影响:"我能保住自己的工作吗?我是不是应该取消孩子的夏令营?我是否应该打电话给我的爱人,告诉他下个月不能退休?"有一次,当我宣布了一项令人遗憾的裁员计划时,我的一个团队成员在我讲话的过程中打断了我,然后打电话给他的妻子,告诉她取消他们重新铺设车道的计划。我不会拿这件事来嘲笑他;实际上我的感受恰恰相反。我们的职业决定着我们生活中的几乎所有方面,换句话说就是养活我们自己和家人。这种影响不会是100%在你的控制之下,但是你可以尽可能弱化它。根据团队成员的特点调整一下变革的消息,告诉他们事情有可能会如何影响他们的工作、工时、薪酬、定位以及其他因素。要讲清楚未来的变化何时是确定的以及何时是可能的。

———

如果人们不知道即将发生的变化的真实情况,他们就会开始在脑海中编撰自己的版本。

——维多利亚

———

解释发生变化的原因。负责决定采取变革举措的领导者可能已经用数月的时间来消化这一剧变,而你的一线员工却没有那么多时间。从他们的角度来看,变化往往是空穴来风。他们没有办法适应这种想法以及应对自己的感受。

不要因为你自己能清晰地看到变革的好处,就以为它们对你的下属们来说也是显而易见的,进而可以战胜他们出于天性的抗拒。提供背景信息——没有人愿意在不明原因的情况下接受改变的要求。

> **想一想**
>
> **如果你本人就是那个巨变,该怎么办?**
>
> 有一次在我担任主管时,我的晋升对我的同级别的同事造成了很大的打击,他们当中的一些人迫切想要得到这个角色。在最初的6个月中,改变是相当困难的。幸运的是,那已经不是我担任的第一份领导职务,所以我能够通过清晰的沟通对团队进行管理。但是,如果这是我第一次担任管理职务,我有可能会就此失败。
>
> 当你升任领导职位时,对你周围的人来说可能是一个巨变。假使我和我自己的上司做好了本章中所述的准备工作,我们就不会面临如此艰难的开始了。要保证让你的管理者能够支持你:例如,预先向同级同事传达有关此次变化的信息,或者如果你以前的同事依旧给你出难题,你可以让他们直接与你沟通。
>
> ——维多利亚

承认人的情感的存在。 鼓励每个人都能真诚地表达自己的感情。承认员工个人情绪的正当性，并且要让他们知道，你的存在就是为了帮助他们应对自身在变革过程中的反应（"如果你对自己适应新流程的能力感到担忧，我们可以在下一次的一对一会谈中一起准备一下。"）。你会因此而化解许多潜在的问题。

想一想

宣布积极的变革

有一次，我参加了一个非常棒的领导力课程，学到了一套跟踪和执行团队目标的新方法。我怀着极大的热情回到了自己的团队。你知道，这套新方法会让每一位团队成员从中受益。但是我还是低估了向团队成员解释这项新举措的必要程度。我迫不及待地想要立即开始行动，并且将这次变革定位为唯一可取的方案。

当一个人对某项变革感到兴奋不已时，便是落入了一个非常典型的陷阱。我是经过了一段时间之后才意识到，我的团队其实并不像我一样对这件事如此热衷。在他们看来，这套新方法是在其现有工作之上添加的东西，不过是新增的工作量而已。

于是我不得不回头重新对他们进行充分的培训。然后他们说："现在我们明白了！"

有趣的是，一开始的时候，他们从未对我说过他们讨厌这件事。直到认同了我的想法之后，他们才告诉我，当初他们是如何的不喜

> 欢这项变革。
>
> 　　在准备推行一项我们深知将会遭受冷遇的变革时，我们知道应该保持开放的心态，与员工分享愿景，获得他们的赞同，帮助他们最终接受变革。然而，当我们自己积极支持变革的时候，常常会对为此需要付出的努力估计不足。事实上，我们仍然需要对这一过程予以充分的管理，就像我们面对一项"高难度的"变革一样。
>
> ——维多利亚

消极的反应包括愤慨、冷嘲热讽、气愤（由于被排除在外或未征求其意见），或者召集他人与其共同抵制变革。大多数情况下，来自老板开诚布公的沟通以及充分的耐心和同情心，都可以化解所有这些消极反应。

技能2：在第二阶段管理干扰

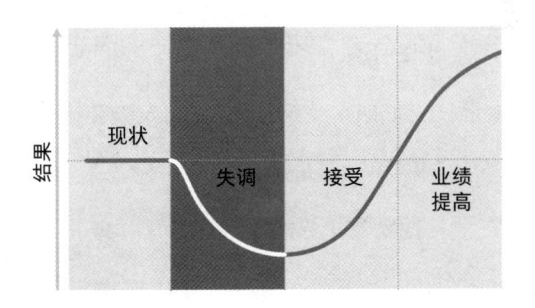

变革计划一旦被宣布，你和你的团队便进入了"失调阶段"。

等等，你是说一旦被"宣布"，而不是"实施"？没错。你应该还记得,"变革模型"重点关注的不是活动,而是因变化而产生的情绪反应。当团队成员听说即将发生变化时,这些反应就立刻开始了。

"失调阶段"可以说是最艰难的阶段。任何变化都会在某种程度上扰乱正常的进程,造成时间的浪费以及成本的增加,乃至一些难以量化的后果,例如压力的增大或者组织文化的破坏。即使是在员工对变革持积极态度的情况下,不确定性和学习难度大等因素也会降低生产力,增加停工时间,以及让人在失望中失去积极性。任何干扰因素都会影响到组织的结果;"变革模型"图上的斜线体现的就是这个道理。团队成员停留在失调阶段的时间越长,就越难以达成结果。

只有在下列条件下,团队成员才有可能走出这一阶段:

- 理解变化的内容以及原因。
- 理解变化对其个人的意义(例如,职业、财务、日程计划)。
- 知道自己能够采取哪些措施才能在某种程度上重新掌控事件。
- 确定将要采取的行动。

满足这四项要求的团队成员已经到达了我们所谓的"决断点",也就是成绩开始回升的时刻。你不希望任何人陷在这个阶段里不能自拔,或者以折损后的结果为基准重新定义"常态"。你的职责在于最大限度地减少干扰,帮助每个人想办法到达"决断点"的位置。我们提供的这些工具会帮助你实现这一目标。应时刻铭记:短而浅。

你的一项主要任务是帮助团队成员对变化产生一种参与感。团队成员能够如何通过合作来影响这一变化?如果可以,应该让你和你的团队参与到一件激动人心的、能够带来翻天覆地变化的事件中来。我们知道，并非所有的变化都能激发起人们的热情接纳，但是你越能让员工参与其中，效果会越好。

无论你第一次沟通的效果如何，团队成员都会需要一些时间来消化和理解所发生的变化。他们会谈论它，担心其可能造成的不良后果，以及提出新的问题。这些都是正常的反应。尽量不要试图控制让你感到不舒服的消极反应。让团队成员拥有一些自由去消化他们的情绪反应。要记住，你的职责是澄清事实，解释问题，抵制有倾向性的传闻，为他们及时提供最新消息。

如果员工激动的情绪在当下爆发，他们可能会忘记你曾经说过的大多细节。此外他们还有可能会发现，自己适应变化的能力在焦虑或者抵制变化的欲望的作用下弱化了。解决这个问题的一个办法就是全面、持续的沟通。要做到信息透明。在事件发生时，让员工知道发生了什么以及为什么发生。倾听他们的问题并尽快找到答案。信息和行动是恐惧的解药。

———

在我于本章开篇提到的那场裁员危机期间，我们必须帮助团队成员一边应对裁员所造成的情绪影响，一边继续工作。我之前提到第一阶段中的准备工作对这种情况非常有帮助。分享尽可能多的信息非常重要。

我必须帮助团队成员看清大局（在那种情况下，整个组织可能都会受到破坏），并且让他们知道自己如何能够发挥积极的作用。我告诉团队成员不要躲在自己的办公室里，而要去其他部门帮助那里的人。

——维多利亚

———

要经常了解每个团队成员的近况。通过与每个人单独接触，你可以提出一些开放性的问题，从而帮助你更好地了解他们的心理状态，同时可以在适当的时候提出你能够给予帮助的方式。如果你们之前进行过每周一次的一对一会谈（参看"做法2"），这个过程就会容易得多。

下面是你可能会问的问题的例子：

- "你对昨天的消息感觉如何？"
- "你目前有哪些尚未得到解决的问题？"
- "你在职业生涯中经历过类似的事情吗？你在此过程中学到了些什么？"
- "我如何能让事情变得更简单些？"

要尽量缓解焦虑，平息谣言："我能理解你为什么心里有顾虑——明年团队规模将扩大一倍，这会带来很多挑战。但是与我交谈过的管理者们都向我保证，如果我们需要更多的空间，那么至少在可预见的将来，我们还会留在这座城市里。"

表达团结一心："我也认为这会是一次很艰难的转型——我们全体成员需要互相帮助，渡过难关。"

如果有人提出的问题或者发表的评论让你感到措手不及，也不要惊慌失措："感谢你把这个问题提出来。我需要一些时间认真考虑一下，明天我会与全体团队成员分享我了解到的情况。"然后，你要言而有信。

畅所欲言。团队成员总是会密切关注他们的管理者的一举一动，然而在发生变动期间，他们对你的行为的审查会变本加厉，而这不过是因为员工们可能在试图弄清楚这次变动究竟意味着什么，以及应该如何应对。他们会从你的行动、反应、情感和态度中寻找蛛丝马迹，用来探知团队当前的文化以及他们应如何应对正在发生的事情。

要注意你说话的内容、方式，以及你对与变革有关的不太理想的消息是如何反应的。你越是冷静，越是自信，你的下属们就会越注重自己应该如何适应变化。

应对冷嘲热讽。没有领导团队会因为无聊才去进行改革。人们之所以需要改变是出于"人挪活，树挪死"的那句谚语。创新和增长需要新的思想、方法和思维方式。无论哪个行业，全球竞争的压力和股东增长授权都会发生变化，每个人都希望这是正确的决策。

变革的问题之一是，大多数人最初都认为变革会让事情变得更糟，而不是更好。一些人将新的举措视为"一时的改变"。面对新的举措他们之所以能够泰然自若，是因为他们确信该举措会失败，然后一切照旧。在竞争异常激烈的全球化市场中，即使是大型跨国组织也难以容忍战略变革实施的失败。较明智的选择是尽早接受变革，带领团队走出困境，尽快让团队成员投入工作，以便你们所有人都能在新的场景中获得成功。

这里有一个有用的思维方式。克莱顿·克里斯坦森、詹姆斯·奥沃斯（James Allworth）和凯伦·迪伦（Karen Dillon）在其合著的《你要如何衡量你的人生》一书中讨论了两种不同类型的策略：深思熟虑的策略和紧急的策略。深思熟虑的策略自始至终保持原样。但是据作者称，近93%的成功策略计划在实施过程中会发生改变。在某些情况下，最终的策略与最初的计划比起来已是面目全非。这些就是紧急的策略。

作为初级领导者，你会发现，提前知道某项变化通常会在18个月后面目全非，对你非常有帮助。知道这一点有助于我们在整个变革过程中变得更宽容、大度和敏捷。如果你不去一味地认为预期的结果终究会浮出水面，你就会变得更有适应能力，并且能够更快地走过变化过程中的各阶段。

与其避开怀疑态度，不如转而接受它。对变化持怀疑态度是无可厚非的，而且让你的团队表达出自己的担忧也是正常合理的。只是不要让谈话变成沸沸扬扬的冷嘲热讽或者互相指责。利用你在"做法2"中学习到的同理心，让对方感受到自己的想法得到了倾听、自己的顾虑得到了理解。这对于解决问题十分重要。给予员工这样的机会将会产生极为不同的效果。

对于任何一项已经宣布的变革计划，人们都不可能事先精准地预测到它的每一个后果（无论是积极的还是消极的）。领导者也是人。大多数变革计划都会发生演变。要意识到有可能存在数百个需要仔细检查的数据点和变量，同时要对你的领导力抱有一定的信心。要假定变革的初衷是好的。表象之下可能还存在更多超出你现有理解的东西。为你更大的疑问寻找答案，从而帮助你和周围的人接受变革。你越是接受这种思维方式，你的焦虑就会越少。

要直面持久的抵抗和退缩行为。有些人即使看到同事们已经转变了思想，也依旧会继续反对改革。还有一些人似乎是在顺应变化，然而随后又重归旧习。应对这些抵抗行为时要直截了当，但同时要有策略、有克制，因为这种抵制不会一直顽固不化。如果你无视一个人内心的顾虑，那么你可能永远都无法知道他固执己见的真正原因。正如之前所提到的，耐心以及同理心，或者适当地倾听他们讲述自己的顾虑，都会产生很好的效果。如果这一切都无法奏效，那么你可能就需要直截了当地向对方说清楚：火车已经驶离车站——你希望他能够上车。但是如果他找不到自己的座位，他可能需要选择一个不同的目的地。

对方所表现出的抵抗是一个阶段，一段话，还是一种根深蒂固、难以改变的思维定式？这个人是一个正面临着真实的困难并且内心焦虑的员工，还是一个不讲道理的煽动者？这个人是否很敬业并且业绩优异？（在旧环境中发展顺利的人抵制变革的普遍程度超出人的想象，这是因为他们因此而遭受的损失最大。）抵抗行为是公开的还是私下的？隐性的抵制或许表明，你尚未建立起鼓励开放式对话和透明性的团队文化。你的职责是在整个职业生涯中树立起一个能够让别人敢于诚实地说真话的榜样，以便在必要时文化因素能够发挥作用。

所有这些技巧的使用都是为了达到"决断点"。在这个关键节点上，你的大多数团队成员都会赞同变革，并且已经准备好进入第三阶段。

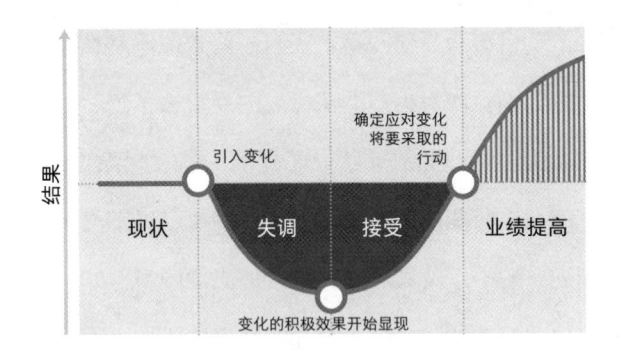

技能3：在第三阶段快速适应变化

变革不是一件容易的事，而且不是每个人最终都能看到一个漂亮的上行的成功曲线。变化可能意味着不得不辞退员工，或者导致一些不愿参与其中的人最终选择离开。一旦变化稳定下来并且开始驱动行为的改变，就是它最有可能失败的时候。

在这个阶段中，你和你的团队已经克服了重重困难越过了"决断点"，并且开始适应变革中的新规则。至此，员工开始进入实际工作阶段。进入这个阶段，就是进入了结果阶段。团队成员此前一直都在适应新的规则、技术、程序和文化——从本质上讲，就是重塑他们的工作方式。而现在，你的工作就是帮助他们由学习阶段转向在新现实中的具体执行。

结果曲线的上升意味着工作量的增加，因此有必要评估你和团队成员所做的每一件事，以及确定如何合理有效地开始、继续或者结束。你们越快地适应变化，每个人就会越快地对你们做出的贡献感到心情愉快，并且能够看到其中的好处。短而浅！

下面是"接受阶段"在理想世界里的曲线形式：

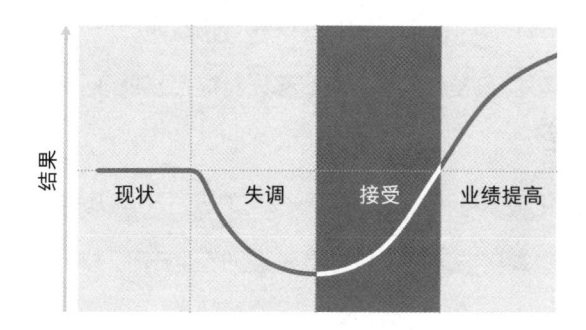

然而，在现实世界里，结果曲线可能更像这样：

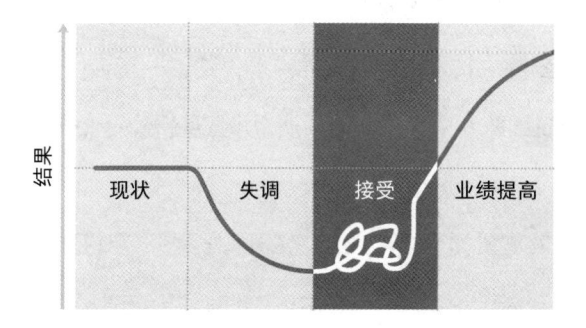

在此阶段，你的团队成员会开始使用新的软件控制板管理销售，学习与新的供应商合作，管理离职同事遗留下来的、额外的工作量，在新办公室里寻找洗手间，或者在试图恢复正常工作的过程中应对上

级下达的变化指令。这种事情的发生不是平稳的，而是突发性的。新安装的后端系统和硬件会出现故障，令所有人感到心烦意乱。领导者的决定在最后一刻做出了更改，却无人意识到要通知前线人员——你和你的团队。当这些现实逐渐为人们意识到时（曾经没有太大作用、凭直觉做的事情，如今变得作用更大，但是需要投入的工作比以往多很多），某些团队成员的态度和服从意识可能会降低。

这种现象是正常的，但这并不意味着很容易处理。当这一阶段开始后，你应该尝试塑造员工对未来的预期。例如，如果你们正在应对一次技术上的变革，你可以这样说："在接下来的几周或几个月内，我们中的一些人可能无法再像从前掌握旧程序时那样轻松自如地操作自动驾驶仪。在不断努力掌握新程序的过程中，我们所有人都可能会感到效率降低，自己的技术不再像以前那么娴熟，而且会在不经意间恢复一些旧的习惯。但这是暂时的。"

下面提到的一些方法会帮助你实现你的这一承诺：

重新设定团队和个人层面的预期，并且重新确定优先级。参看"做法3：引领团队取得成果"。

专注于最重要的事情（拒绝其余的一切）。若想让"接受阶段"内的曲线向上攀升，就应该将精力集中在有利于这方面努力的活动上，而拒绝那些不利的活动。拒绝并不是件容易的事，但是如果你在这个关键阶段承担过多的任务，那么你或许永远都无法获得顺利通过这一阶段的动力。保护你的团队免受与适应获取成功所需的新行为无关的任何事情的影响。

利用记分表跟踪进度。 有关利用记分表的更多内容，请参看"做法3：引领团队取得成果"。你可以考虑为变革的过程专门创建一个记分表。

在开始的阶段制造一些成功，并且要庆祝这些成功。 在努力通过"接受阶段"的过程中，如果变革将会保持紧迫状态，或者还会持续存在，那么团队成员需要定期看到进展的迹象。

思考一下你可以引领团队获得哪些短期的成功，以帮助他们感受到进步和动力。短期的成功是一种有意义的进步，它对每个人来说都是显而易见的，并且与你们正在致力于的变革之间存在明确的相关性。新的流程带来了显著的成本节约？这是一种成功。赢得了一个满意的客户？更是一种成功。使用日程管理软件终于解决了一个让你的团队头疼了2年的技术问题？绝对是种成功。

要记住，帮助团队适应变化的工作在很大程度上是对情绪的管理。保持团队士气高涨将有助于团队走出这一阶段。

从错误中学习。 变革需要尝试新的事物，而当人们试图获取自己舒适区之外的事物时，注定是会犯错误的。在维持一个高的绩效标准的同时，完全有可能保持积极乐观的态度。微笑、富有同情心的语气，以及对一个人付出努力的认可可以发挥很大的作用："谢谢你能试着采用我们在电话里讨论过的新的咨询方法。我真的非常欣赏你能愿意尝试去做。我能否针对下一次提些建议？我给你讲一讲我在为此努力过程中的一些心得。"

当我们尝试从Outlook转向使用Google的过程中,一名员工星期天给我打电话说:"我在iPhone上看不到我的任何预约事件。"我说:"我们发送了一封电子邮件,里面讲了具体的操作步骤。"但是当这些话刚一说出口,我就知道我们之间会出问题。她说:"托德,上周我收到了400封电子邮件。尽管我确信你说的那封邮件就在其中,但是我接听了2个小时的客户电话,根本没时间看它。"

我领悟到,即使是最周密的计划也要让位于现实世界。如果我能把问题问得更巧妙些,并且让员工更早地参与进来,我本可以预料到潜在的问题,并且能够在它们出现之前就解决掉。

——托德

错误是任何变革计划的一部分。一旦你真正相信了这个道理,你的团队也就会逐渐地相信它。你的思想、言谈、行动都必须相互一致,才能建立起一个鼓励将错误视作没有风险的学习机会的环境。你可能需要进一步指导团队成员掌握与变革相关的技能。为此你需要做的远不止让某个人去参加培训课程。你可以利用一对一会谈的机会,与员工共同设定学习目标,寻找实现目标的方法。你可以让团队成员与导

师结对，借此为他们提供更多的视角和反馈渠道。

通过小组讨论或一对一会谈的形式，针对当前的变革及其影响，与团队成员进行定期的公开讨论。这一点非常重要，因此我们打算再次予以强调。如果你将自己锁在办公室里等待外界环境的改善，你的团队不会忘记你的所作所为——或者原谅你。相反，你应该知难而上。你所面临的挑战并非一次性的事件。听取团队成员的意见并对他们给予支持。在此过程中，要建立相互的信任，核实任何持续存在的不确定因素。

为团队成员提供诉说内心忧虑所需的渠道："这一周真是焦头烂额。我想和你们面对面谈谈，听听你们的感受。你们都有什么顾虑和问题？"

由于每个人应对变化的方式各不相同，也都有自己的节奏，因此，在一对一会谈中及时了解员工的想法也是个不错的主意。这样一来，你可以提出一些开放性的问题，以便更好地了解每个人的心理状态，重新调整变革，使其能借力于他们的动机和目标，并在适当的时候提出你可以给予帮助的方式。要记住，在变革期间，你的沟通怎么多都不过分。频繁和透明的沟通是关键。

不要带有倾向性地描述或轻描淡写情况的困难程度。如果你在听到坏消息之后又立即被告知"这实际上是一个很好的机会"，那么你就会知道，不实之词的欺骗是件多么无礼和伤人士气的事情。这样的谈话不会让团队精神振奋，反而会让他们气愤和逆反。充分尊重团队成员，真诚地、实事求是地看待每个人在此过程中的处境，切勿妨碍他们的冲劲儿。你的工作不仅是要收纳和存储员工的投诉和顾虑；你还必须要领导团队，保持冲劲儿，以赢取因胜利而获得的尊重。

> **想一想**
>
> ---
>
> **不要就此止步**
>
> 当开始看到变革已经成功的迹象时，许多领导人会认为艰难的工作已经结束。然而，从"接受阶段"转入"业绩提高阶段"才是最需要你韧劲儿的时期。你需要表彰甚至夸大你需要采纳的特定行为。激励那些榜样人物。让变革的驱动者发挥作用。鼓励他们"征募"其他较早接受变革的人，让星星之火汇成燎原之势。到某一时刻，变革也就成了一个势不可挡的飞轮。

从你的团队中征募"变革的布道者"，来推动团队成员前行。在你的团队中，可能有一些人会比较容易适应变化，对变化更有热情。与这些人结成联盟。请他们来帮助那些比较抵触变化的团队成员，或者正在吃力地适应新流程或新技术的人。不要厚此薄彼（因为这可能会在士气方面产生有悖于你的意愿的效果），但要鼓励你的"布道者"帮助他们，听取他们的想法，并且每一天都为办公室带来促进改革的正能量。

在我们公司实施一项重大技术改革期间，该项计划的一位主要支持者在意识到这次变革将会对她自己的部门造成的影响之后，转而变成一个最大的反对者。然而，通过帮助她看清本次转变的实际好处，领导团队又将她拉了回来，重新当上了这次行动的啦啦队长。她的积极性成了提振士气的重要支持力量。

当员工发泄情绪时，你应该站在对方的角度去倾听，但不要与之附和。在员工发泄情绪时，表示对他们的关心与你发表自己的不满之间存在着很大的差异。听取意见，提出问题，承认团队成员感受的正当性，但到此为止即可。尽管你可能会禁不住想要与员工一起发牢骚，但是这样做会损害你的信誉，而且让团队成员的心情更糟。让他们成为主角，而不是你。

向你的领导者寻求反馈意见和帮助。针对变革为何无法奏效，他们可能会有自己不同的看法，而且可能会帮助你扭转局面。在某些组织文化中，寻求帮助被认为是"我自己没有能力"。但是，寻求帮助实际上表示你有信心，是可造之才，有正确解决问题的动力。

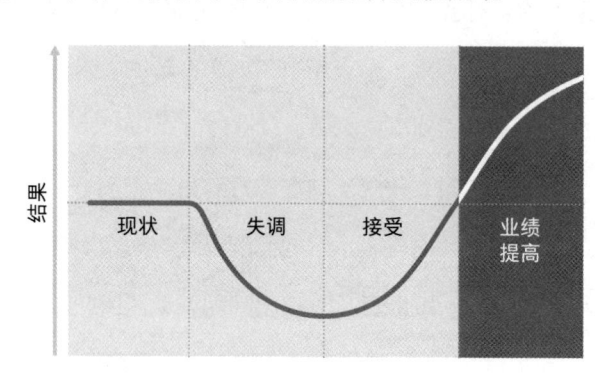

技能4：在第四阶段寻求反馈意见并庆祝成功

[图：变革曲线，横轴依次为"现状、失调、接受、业绩提高"，纵轴为"结果"]

当你最终到达"业绩提高阶段"时，你会开始看到你曾艰难地挺过来的变革给你带来的真正好处。你对变化有了把控能力，并且能够让它为你所用。在这里，你获得的结果看上去会比刚开始时要好。

即使是你最不情愿的下属，此时也终于接受了变革。固执地持消极态度的人开始变得积极起来——有时是因为他们别无选择。曾经对管理层来说显而易见的好处，现在每个人也都能看得到了。此时成功的次数开始增多，实实在在的成效变得更加明显。这无疑是祝贺和嘉奖参与促成这项变革取得成功的人的时机，然而同时也是奉劝人们不要骄傲自满的时候。从实现目标——有时甚至是失败当中——汲取的经验教训，能够为将来的成功和业绩的提高铺平道路。

你是否了解到员工有哪些能力和个性可以在"变革模型"范围之外加以利用？是否有一些具备领导能力或沟通能力的人是你（也可能是他们自己）未曾意识到的？对焦虑或情绪的开放态度是否在团队中

培养了一种你可以用于未来工作的新的同事情谊和亲密感？你是否做过一些临时的流程或解决方案，却获得了意外的成功？

总结在实施变革计划的过程中哪些是行之有效的方法而哪些不是，并对相关的要点进行记录；如果条件允许，可以与团队一起做。然后考虑一下：如何将其中一项或者所有项用于进一步提高绩效？

针对如何更好地领导变革寻求反馈意见。回顾"做法4：建立反馈型文化"，了解有关如何去做的观点。

根据需要制定新目标。如果由于变革计划的影响而需要为团队或个人制定新的目标，可以重温"做法3：引领团队取得成果"。

培养团队成员应对的能力，以应对未来的变化。更多变化的出现是迟早的事。你能从这项变革计划中学到哪些经验，以使未来的变革变得更加容易，以及让未来经历这些阶段的过程变得更快？

· 我们可以预防哪些错误的发生？

· 应保留哪些最佳做法以备将来变革之用？

· 你遇到了何种类型的阻力，为什么？

· 你将来如何能更有效地管理团队的情绪？

· 如果要为团队编写一本《变革操作手册》，其中会包括哪些内容？

· 评估你的"短而浅"的程度——你能从每个阶段的持续时间中学到些什么？

养成问"我们如何能做得更好"的习惯，然后按照最好的想法去做。积极建立健康的团队文化，鼓励持续的、有建设性的反馈，以确保当变化来临时，你的员工能够愿意坦诚地交流信息。利用与下属的一对一会谈来寻找学习和发展的目标，从而让团队的技能跟得上行业发展的脚步。

> **想一想**
>
> ────────
>
> **如果变革失败了该怎么办？**
>
> 你可能在想，如果变革计划的失败率高达75%，我们如何能称其为"业绩提高阶段"？可以说，随着员工队伍受教育程度的不断提高，技术的进步，信息获取能力的增强，加上信息更灵通的全能型领导层，这些计划的成功率将会越来越高。员工变得更有识别能力。忙碌不再是荣誉的象征。引用吉姆·柯林斯在《从优秀到卓越》中的一句话，"自律的员工，自律的思想，自律的行动"是这场游戏的名字。
>
> ——托德

在变革期间，你的角色是引领团队应对，以便他们能够快速适应变化，在新的环境中取得更好的业绩。通过展示你在充满不确定性的时期仍然能做得很成功，也许这将有利于你的领导事业更上一层楼。

我的行动与洞见

稍事回顾一下本章所谈及的做法，并将最能引起你共鸣的洞见写在下面：

写下两三项你想要实施的行动。

做法 5 工具

反思指南：我对企业改革的反应

企业变革经常是说来就来，我们根本没时间停下来认真琢磨自己对它的看法。但是一点点的自我意识就能够帮助你客观公正地分析自己的境况，同时判断能够采取哪些措施来改善你和团队成员的境况。

下面是一些针对你正经历的一项变革的提示性问题。花几分钟时间写下你对这些问题的回答。随着时间的推移，人的看法会发生改变。因此，将来还可以考虑重新使用本指南，来评估你对变化的反应。此外，你也可以试着将其推荐给你的下属，让他们也可以对自己的反应进行反思。

日期	企业变革
当前我对此项变革的反应：	
我所了解到的有关这项变革的重要事项： 示例：何时生效，哪些人的工作将会受到影响，上级管理层传达的核心思想是什么。	
目前我在对变革的理解上还存在哪些主要的不足之处： 示例：变革背后的充分理由，变革将会给我的事业以及团队的目标带来哪些影响。	
此项变革最令我兴奋的是什么以及/或者我和我的团队能获得（或者已经获得了）什么：	
对于此项变革我最关心的是什么以及/或者我和我的团队可能会失去（或已经失去了）什么：	
如果可能的话，我希望为自己以及/或者团队保留什么：	
如果可能的话，我希望自己以及/或者团队摆脱或放弃什么：	

做法 5 工具

反思指南：适应变化

企业变革经常是说来就来，我们根本没时间停下来认真琢磨自己对它的看法。但是如果你真的能够做到自我审视，你就会更有能力适应变化——同时帮助他人也能做到这一点。写下你对下面这些提示问题的回答，同时你也可以将本指南推荐给你的下属，让他们也可以对自己的反应进行反思。

日期	企业变革
你目前位于此项变革的哪个阶段？你的团队成员位于哪个阶段？	结果：现状 → 失调 → 接受 → 业绩提高
我对此项变革有哪些了解，为什么会这样，这对我/我的团队意味着什么？	
对于此项变革尚有哪些不了解之处，为什么要变革？这对我/我的团队意味着什么？	
我和/或我的团队如何能从变革中受益？	
有哪些阻碍我/我的团队接受变革的障碍、想法或感受？	
为了适应变化，最合理有效的开始、继续或结束的方式是什么？	
我们如何衡量此项变革是否成功？	
我可以采取的用以帮助自己和/或团队适应变化的一到三项行动： 示例：何时生效，哪些人的工作将受到影响，上级管理层传达的核心思想是什么。	

做法 5 工具

计划表：向团队成员传达变革计划

如何解释以及谈论公司的变革计划是帮助团队成员理解和接受新方式的第一步。你可以使用本指南来制定一个有效的核心思想。

日期	企业变革
此项变革将会对我的团队带来哪些影响？	
组织针对此项变革的核心思想是什么： 示例：作为公司新的全球化战略的一部分，我们将淘汰位于奥斯汀的工程团队，同时在孟买设立一个新的技术中心。	
此项变革可能会给我的团队带来的一到三个挑战： 示例： · 转变会让我们的工作减缓几个月。 · 失去我们在奥斯汀的队友。	
此项变革可能会给我的团队带来的一到三个好处： 示例： · 技术团队规模扩大后能力将会提高。 · 减少周末加班解决技术问题的时间。	
基于我对团队成员的了解，我预计他们会对这一消息作出哪些反应？ 示例：他们会对失去奥斯汀的队友们感到难过。	

做法 5
引领团队应对变革

日期	企业变革
我将如何传达变革计划？	
我会让会议的开场白尽可能清晰、直接和详尽： 示例：我召开这次会议是为了告诉大家一个重大新闻。我们即将在孟买设立一个新的技术中心，同时关闭位于奥斯汀的办公室。很不幸的是，这就意味着奥斯汀团队将在本月底被裁掉。我想跟大家分享一下到目前为止我所知道和不知道的事情，然后我想听听你们有什么要问的问题。	
我计划用这样一种措辞来解释变革的原因： 示例：这是一项旨在提高公司技术能力的全球扩张计划。	
基于对第二个和第三个问题的回答，我计划使用下面这种措辞来解释这条消息对我们团队意味着什么：	
我想要承认的事实（不说任何人的坏话）： 示例：实话跟大家说，这次改变会让人不好受——我们会想念奥斯汀的队友们。	
我用来鼓励团队诚实反馈意见的问题： 示例： · 你的最初反应是什么？ · 你认为这项变革还会在哪些方面影响我们的团队？	

197

日期	企业变革
我将如何传达变革消息？	
如果有人问我的问题我无法回答，我可以用下面这些话回应： 示例：感谢你提出这个问题。我需要些时间认真考虑一下，一旦我了解到更多情况，我会和全体成员分享我所知道的一切。	
会议结束时，我会讲讲后续步骤，以及我继续与大家沟通的方式： 示例： ·人力资源部将在今天下午发一封电子邮件，详细说明变革计划。 ·我会与你们一对一跟进。	
通知变革后我将如何跟进？	
我计划在后续的一对一会谈中向团队成员提出的问题： 示例： ·你对星期二的消息有何感想？ ·你以前是否经历过类似的事情？你在此过程中学到了什么？ ·如何让事情变得更容易些？	
我希望继续对下属强调的信息： 示例：新的技术团队需要花费一些时间来学习我们的流程。我们应该采取哪些措施以使此项变革让每个人都能感到更顺利？	

做法 6

管理你的时间和精力

做法 6
管理你的时间和精力

来自斯科特的短信

谈到这项做法……各位读者,我是触犯过戒律的。在相当长的一段时间里,我都不重视个人时间——无论是团队成员的还是我自己的。直到最近我才意识到,管理自己的时间和精力,同时让团队成员也具备这种能力,是多么重要的一件事。

幸运的是,维多利亚在这方面是一位资深专家。她在亲自帮助我转变。作为领导者,她在时间和精力管理方面以身作则,指导团队成员实行最佳做法,而且在自己锻炼身体的同时成了一名持证瑜伽教练和跑步教练。在接下来的部分,维多利亚将担当主讲。

普通思维模式	有效思维模式
"我太忙了,根本没有属于自己的时间。"	"我必须管理好自己的时间和精力,才能成为一名富有成效的领导者。"

我们家有幸在瑞典的乡间拥有一座房子。在这里,我们可以举行家庭聚会,邀请远近的朋友来做客。这处房产中最古老的建筑可以追溯到15世纪。我们的土地位于瑞典森林的中央,旁边有一个小湖。房

子的周围是一块块绿色的草坪。虽然客人会对这里的大自然、午后的阳光和古老的农场惊叹不已，然而最吸引人的东西却始终是那些机器人割草机。

我父亲是新技术的追随者。他总是会最先尝试最新技术，我们家是最早使用机器人割草机的家庭之一。机器人整天在草坪上工作，不停地割草，而我们"人类"则忙于更有创造性、更有活力的社交活动。将来，我们会告诉我们的孙辈，我们小时候要将暑假的一部分时间花在修剪草坪上，因为他们将再也见不到有谁会人工修剪草坪。

到那时，割草工作并不会是唯一一个不复存在的"职业"。现在大多数（如果不是全部）的常规性、重复性工作都将被人工智能取代。将来，人类的成功将取决于我们运用全部大脑的能力，以及创造力、决策力、情商、批判性思维和想象力等人类技能。

为了让大脑得到补给，你需要管理自己的时间和精力，而且为了取得长期的结果，你必须指导团队成员也能这么做——尤其是因为现在我们比以往任何时候的工作量都大，也比以往任何时候都更容易耗尽精力。根据盖洛普的报告，如今大约有三分之二的劳动力都存在职业性倦怠的问题。恐怕我也陷入了忽视自己精力需求的陷阱，而且这是我始终难忘的教训。

在应聘一个颇有压力的职务（要求给部门带来彻底的改变）的面试中，我非常清楚地告诉面试官，他们将雇用一个年幼孩子的母亲。我强调自己需要每天晚上回家吃饭。他们表示全力支持，并将这份工作给了我。我迫不及待地投入工作，雄心勃勃地想要在6个月内取得成功。

怀揣着这一目标，我每天早上7:00上班，以便能及时回家吃晚饭。后来，提前到早上6:30。再后来，越来越早，直到有一天我登录电脑的时候瞥了一眼时钟，时间是早上5:23。

没有人要求我："维多利亚，你每天需要工作13个小时。"但是我雄心勃勃，决心实现自己的目标。我认为这是实现目标的正确途径。

上班大约6个月后，我的眼睛开始感到一阵剧痛。最后，在我的团队和家人的催促下，我去看了医生。医生说："难怪你感到疼；你有结膜炎，鼻窦感染，耳部发炎，还有发烧。"我记得那是我6个月来第一次爬到床上休息。那时的我精疲力竭，躺在床上脑中只有一个想法："啊，感觉真好。"尽管还患着结膜炎！

我不仅身体已经透支，而且离实现部门彻底转变的目标还很遥远。我一直在向自己施压，想要快速取得结果，然而我的绝不停歇的策略开始与我为敌。

我必须改变自己的行为——首先，我再也不能凌晨4:00就起来了。但是，真正需要改变的当然是我的思维方式。忽视自己的健康肯定不会带来更好、更快的结果。我决定要更聪明、更努力地工作，并在合理的工作日内全力以赴地工作，进而让自己能有时间陪伴家人。如果这样还不够，那么这个职务也许不适合我。

我并不是想说，每个人都应该辞掉让自己感到精疲力竭的工作，但是我们或许可以控制一下工作职责中影响自己时间和精力的某些方面。专注于能够起到杠杆作用的方面，你会发现你的影响力在扩大。而且事实是，如果我继续把自己搞得筋疲力尽，我根本不可能保住那份工作。

我仍然很努力地工作，但是我同时又谨慎地忽略了其他一些不太重要的职责。最终，我获得了自己想要的结果——也许不是在6个月内，但也是逐渐实现的——更重要的是，我的健康状况和家庭关系都没有因此受到影响。

许多人都在与这一挑战作斗争，很可能也包括你自己的员工。随着组织文化规范的逐渐科学性，你或许应该在组织内部应对这一挑战过程中起带头作用。为此你往往需要进行思维方式的转换。你或许已经知道培养和维持自己的精力应该如何做，但是知道和行动完全是两回事。

随着你在领导力道路上不断取得进步，你必须要决定自己应该如何工作，平衡生活，以及赋予自己新的活力。现在就建立起一个对你长期有用的模式。抵制忽视健康、职业发展或者个人生活的本能诱惑。发现你自己的需求，并且为团队成员在这方面树立起榜样。

我们在本章中提供了许多实用的建议，但相比其他任何实践，在这个领域行之有效的方法更是因个人、公司、文化和国家而异。在本章中我们将从精力平衡管理开始讲，然后进入时间管理，最后讲一讲如何帮助你的团队同样做好这件事。当你找到适合自己的方法后，请记住：你的优先事项、需求和方法与你团队成员的都会有所不同。要找到我们讨论的最佳做法和原则与现实世界之间的平衡。要做适合你做的事。

技能1：管理你的精力

几年前，我在阁楼上翻阅旧书时，发现了祖母的一本20世纪50年代出版的关于如何成功持家的书。我兴奋极了，期待着能够对各种老旧的说法大笑一番。当我读到谈论健康的部分时，我做好了大笑的准备。但令我惊讶的是，哪怕说书中的建议是今人写的也不为过。简而言之，它建议每天运动，最好是早上做做"体操"，要少吃糖和面粉。

同样，在学习成为瑜伽教练的过程中，我了解到了写于数千年前的神圣的梵文《吠陀经》。我不住地惊叹（甚至惹烦了同学们）："哇，这正是我们在领导力解决方案中所教的东西！"我以为是很新颖的理论，其实已经存在很久了。与之不同的是，我们如今有脑神经科学来作为支持。

我们大多数人对于精力管理方面应该做的事情都能倒背如流：每天睡7至8个小时，吃绿叶蔬菜，锻炼身体。我们的书架上摆满了有关这类话题的书，播客和博客里也天天谈论，新的研究不断地证明着精力管理的必要性。那么，如果我们所有人都"知道"精力对工作业绩的积极作用，为什么今天的劳动者还会比以往更容易感到精疲力竭？

多年以来，我与之合作过的领导者们有太多人都在疲于应对工作与生活之间的平衡。这当中存在一系列的原因。有些人出于某种崇高的意识而将自己的健康置于次要地位。为了成为一名了不起的领导者，他们将自己的需求放在最后。还有一些人因为热爱自己的工作，或者由于担心下一轮裁员的噩运会降落到自己的头上，他们对工作之外的事情全然不顾。无论是哪种原因，有几个最佳做法可以帮助你更好地满足你的精力需求。接下来，我们想要和大家分享一些可以像零点菜单一样使用的方法和观念：从中选择最有助于你管理自己的精力的部分。

检查自己一天当中的生物钟。回忆一下我们在"做法2"中讨论过的丹尼尔·平克的观点。他在其《时机管理》一书中谈到了精力的高峰、低谷和恢复的概念。首先只要留意你的精力的存在以及影响它的因素。从今天开始，观察一天当中你自然而然地感觉到精力旺盛和精力不足的特定时段，并且留意在接下来的一两周内是否存在相同的规律。如果存在，那么你就有可能会更有意识地尽量利用精力的高峰期，尽可能减少精力的低谷期。

或许你还记得，在"做法2"中斯科特对自己一天的总结，以及他意识到自己进行一对一会谈的最佳时间是早晨。你可以用同样的方法分析你的团队成员中有哪些与你自己的精力变化相匹配或不匹配。你可能会发现，与任何一位将一对一会谈时间设在上午9:00的团队成员会谈，其效果似乎都比与将时间设在下午3:00的人会谈要好。你是否需要调换一下，或者与他人精力的高峰和低谷更合理地匹配？

做法6
管理你的时间和精力

当你参加一对一会谈或另一个专题会谈时，一天中不同的时间段对你在会谈中的表现会有怎样的影响？你在哪几天感到精力充沛，在什么时间感觉精力不足？你的精力在不同的场景（在工作中或家里）中会有怎样的变化？

一旦你开始注意到自己精力水平的高低起伏时，问问自己为什么。刚才发生了什么？没有发生什么？你的环境、饮食或身体运动对你的精力水平会造成怎样的影响？在上一次会议中，你是否有意识地决定要离开会场，以及其背后的情绪影响？

想一想你的工作。哪些任务或者事件最能让你感到精力充沛？哪些事情能让你感到快乐？在你所有的工作职责中，哪些会消耗你的精力？工作中的哪些时刻让你感到愉快？你最近一次开心大笑是在什么时候？

思考一下这些高峰和低谷时段。你应该在高峰时段安排哪些活动？如果要重新制定你一天或一周的时间表，会有哪些变化？你是否应该换个时间段执行某项重要任务，以便求得最佳效果？你是否有感到恐惧并且想要拖延的事情？如何才能让这些事情变得可以承受……甚至令人愉快？

在安排我与员工的一对一会谈以及抽时间思考、制定和处理乏味的行政事务时，我会尝试考虑上述问题。在开始投入一项需要我全神贯注的任务之前，我经常会去做一次快步走运动，呼吸些新鲜的空气，清醒一下头脑。

我们每个人都有自己的生物钟，一天当中的精力、专注力和创造力因时段也有所不同。在这方面，我们可以根据自身需要充分利用"技能2"中的周计划和日计划方法。你或许无法完美地安排每次会议和任务的时间——许多领导者会拼命将自己所有的职责安插在满满的日程表当中——因此，应该更多地将其视为长期计划。

精力驱动因素

一谈到精力，我们大多数人都认为是多多益善。首先让我们回顾一下最先在我们的畅销书和解决方案《激发个人效能的五个选择》中探讨的五个"精力驱动因素"。这五个驱动因素会影响你的精力水平：

- 睡眠
- 休闲
- 交际
- 运动
- 饮食

花点时间评估一下自己在每一个驱动因素方面的表现。在实施本做法当中的策略时，给自己制定一个衡量进度的基准。应该引起注意的是，你在某一个驱动因素上的欠缺，有可能会影响到其他驱动因素。你可以定期进行这项评估——这并不是一项只做一次的静态测试。我们建议你每6个月进行一次评估。

做法 6 工具

评估

个人精力检查

你在管理自己的主要精力来源方面做得如何？给下列不同部分中的自己打分，其中0表示"从不"，10表示"始终"。如果发现自己在哪方面存在不足，就下决心改进。

分析你的低分项——你是否可以立即采取某些行动，用来加强某个驱动因素？今晚，你就可以采取一些能够在未来的岁月里给你带来回报的生活方式上的改变。

各部分得分：0 – 6 = 需要警惕　　7 – 15 = 一般　　16 – 20 = 出色	
睡眠	
我每晚的睡眠时间是一样的（不需要用周末时间来补觉）：	1 2 3 4 5 6 7 8 9 10
我每晚的睡眠质量都很好：	1 2 3 4 5 6 7 8 9 10
我为取得进步而打算做出的一项改变：	____总计
休闲	
我有有效应对压力的措施：	1 2 3 4 5 6 7 8 9 10
我的生活方式有助于我管控压力：	1 2 3 4 5 6 7 8 9 10
我为取得进步而打算做出的一项改变：	____总计

交际	
我定期与生活中重要的人保持联系：	1 2 3 4 5 6 7 8 9 10
我在工作中有一些值得珍惜的同事关系：	1 2 3 4 5 6 7 8 9 10
我为取得进步而打算做出的一项改变：	____总计
运动	
工作日我会有规律地起身活动：	1 2 3 4 5 6 7 8 9 10
我有持续的锻炼计划：	1 2 3 4 5 6 7 8 9 10
我为取得进步而打算做出的一项改变：	____总计
饮食	
我每顿饭都吃有营养的食物：	1 2 3 4 5 6 7 8 9 10
我的饮食可以满足一整天的精力所需：	1 2 3 4 5 6 7 8 9 10
我为取得进步而打算做出的一项改变：	____总计

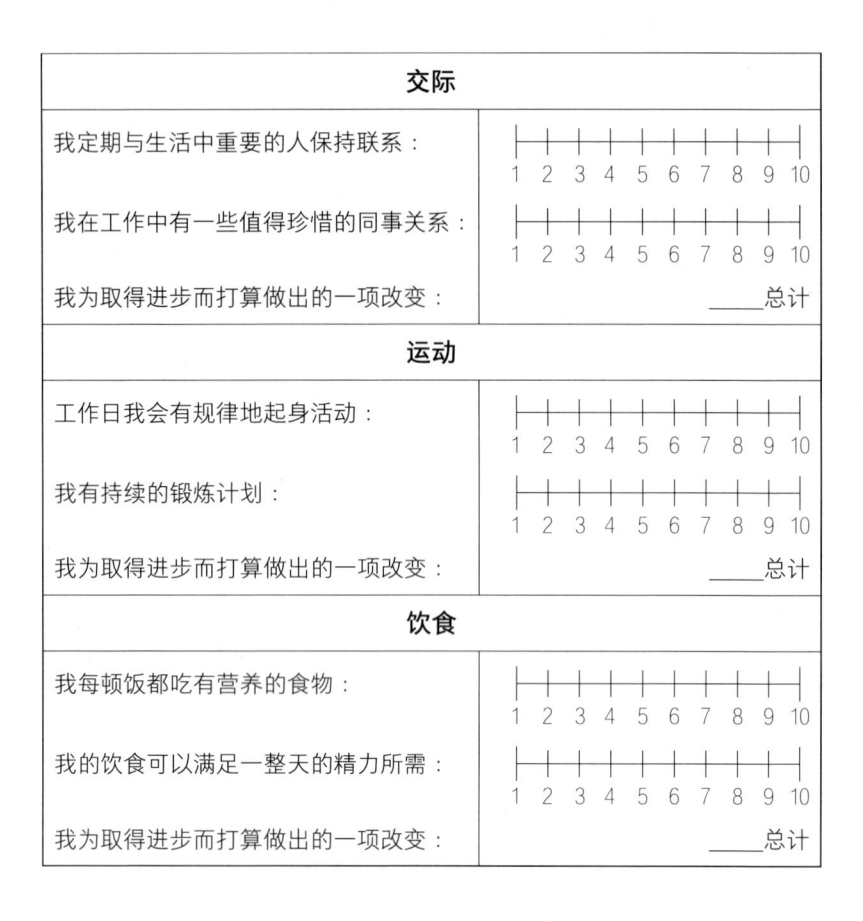

如果你在某个方面得分低，就表示你还可以进一步提升精力——下面针对如何在每个驱动因素方面取得进步，我们给大家提供一些最佳建议。

睡眠

· 要理解睡眠对你的整体健康，尤其是大脑健康的重要性。著名的神经科学家丹尼尔·亚蒙（Daniel Amen）博士将睡眠比喻为每晚的"大脑清洗"。

7个小时是标准的睡眠时间；不要出于羞耻而相信人体可以承受4个小时睡眠的神话。

- 在活跃、充实的白天与就寝时间之间创造一定的空间。找到一个适合你的常规活动。就我个人而言，我会关闭手机，并把它放在离床较远的地方（如果放在手边，我怕自己没有足够的控制力来压制自己的冲动）。我会准备一杯茶，同时写几行日记，总结这一天的活动。最后，如果还有时间，我会读读书。我会尽量避免读商业类型的书，因为这些书会让我思考第二天要关注的事情。相反，我会读小说。在此提个醒：如果书太好看，就会适得其反，因为我会难以放下它！

- 一些放松活动和常规活动，例如晚上的瑜伽和冥想，也会有助于睡眠。我尽量避免晚上跑步或锻炼，因为这些活动会延长我入睡所需要的时间。找一找哪些类型的活动能让你平静。

- 如果你觉得有用，可是尝试选用一个"入睡"应用程序。但是要警惕用手机查看消息的诱惑。

- 最后，也可以写下你给自己的最佳建议：

休闲

- 不要将放松与变得麻木相混淆。如果你娱乐的方法主要是沉溺于看电视，无休止地玩游戏，或者长时间睡觉，那么你放松的方式有可能是在消耗精力，而不是恢复你的活力。留意放松之后的感觉。你是否真的感觉比之前更好？如果不是，就要试着将这些"放松的"活动改换成能切实提升精力的爱好。

211

———————

近来，每当度过疲惫的一周之后，整个周五晚上，我会窝在沙发里一边看电影，一边享用一大桶嗨啾软糖。第二天早上，我在同一个位置上醒来，发现自己被一百多张嗨啾糖纸包围着（这并不是为了制造戏剧效果的夸大其词）。我感到从未有过的疲倦。

你是否有些放松的方式实际上是让人筋疲力尽？你能否用一些有创意的、积极的或者社交性的活动代替它们？

——托德

———————

· 在一天当中让大脑时常能得到短暂的休息。在参加会议或者拨打重要电话之前，我会做几次深呼吸来提高注意力。我的这种方法是有科学依据的：我的大脑得到了更多的氧气，因此可以更轻松地集中精力。许多人在压力下会不自觉地屏住呼吸或者呼吸急促，而你对此越是有意识，你的大脑和身体就会得到更多的氧气——从而有助于你维持精力。

· 积极主动安排一个较长的大脑休息时间。我会定期安排一个我称之为"自我日"的休息日，意思是说我要换一个环境去进行思考和反省（托德称其为"我的日子"；斯科特称其为"一个人的集体度假"）。这一天没有必要去豪华的水疗中心；我父母家里空荡荡的厨房曾经是我的一个极佳的"自我日"去处。审视一下自己：你有没有偏离预先设定的目标？你是否朝着正确的方向前进？如果你即将进入一个极其忙碌的时期，事后应该尽量主动安排一个"自我日"。关键问题就在于此：如果你不主动计划，这些事就不会发生。

· 学习新的事物。自我投资不仅关乎你如何恢复精力，而且关乎你如何实现自我成长。某些类型的学习既令人轻松愉快又能让人有所收获。学习一项可能需要花些时间来培养的新的爱好或者技能。这有助于扩展你的思维能力，并且在此过程中让你更具多维性。尝试学习一门新的语言，写一本书，或者学习一门课程。斯科特曾经给我讲过他的一位朋友的故事。这位朋友有一次去参加一个行业会议，却发现她走错了房间，阴差阳错地参加了一次有关高性能船用发动机的讲座。这次意外的差错却让她喜出望外。自此以后，她每年都会参加一个学习班，学习一个新的课题。我已经为斯科特注册了一个明年冬天在莫斯科举行的动漫会议——这是个多么有趣的主意。

· 最后，也可以写下你给自己的最佳建议：

交际

· 做个志愿者。考虑回馈社区和需要帮助的人。

· 投资你的社交网络。你的社交关系可以帮助你获得成长和发展。与能给予你精力而不是消耗你的精力的人在一起。仔细浏览一遍你的"朋友清单"——也许你需要对其进行一次清理。

· 创造特殊的时刻。当我们家里有人过生日的时候，我们总是会举办庆生活动，而不是只送送礼物。我们的庆祝活动包括陶艺课，骑马——任何我们以前从未尝试过的事。我们借此机会一起探索和观察新事物。你能否与家人和朋友——甚至你的团队——一起做些类似的事情？

213

- 接触需要帮助的人。当我感到压力重重或者情绪低落时，我喜欢去找一些处境可能比我更艰难的人，询问他们在哪些方面需要我的帮助。这种做法总能让我们双方都感觉心情好很多，而且这也有可能是恢复某个疏于照看的关系的机会。
- 最后，也可以写下你给自己的最佳建议：

运动

- 将运动视为一种奢侈品。将运动视为必需品并不难，而且你确实需要做运动，因为生命在于运动。然而，我却并不把它当作一种日常事务，而是以不同的方式看待它：我要去上这节奢侈的1小时瑜伽课，或者任何别的活动。我的思维方式从"运动就是件苦差事"转变为"运动是我的特别时刻"。这是我犒劳自己的方式。
- 健身房不是唯一的运动场所。锻炼不必只是在健身房里进行。研究表明，你在健身房里花了多少时间并不重要，重要的是你每一天进行了多少运动。所以，起身离开办公桌。在我的客户的学习班上，我会要求参与者在课堂上站起来做10个深蹲。这确实是一种提升精力的方法！
- 利用技术。你可以利用一些非常棒的应用程序进行快速锻炼。只需20分钟即可补给大脑的专注力，精力和令人愉悦的想法。
- 让心跳加速。就心理和整体健康而言，锻炼会产生耐力和更好的效果。选择任何你喜欢的、能加速脉搏跳动的活动。
- 找到与你志同道合的人。找一个训练伙伴会让你更有可能切实地得到锻炼。将体育锻炼与你作为朋友、伴侣或父母的角色相结合。我和女儿一起做瑜伽，打羽毛球，和我的朋友一起跑步（同时我们互相兼作对方的教练），而且当我的训练需要一点推动力时，我还加入了一些在线社区。

- 最后，也可以写下你给自己的最佳建议：

饮食

- 记住饮食的主要目的是为自己补充能量。我们吃饭是为了增强脑力，而不仅仅是为了满足饥饿感。下次当你选择吃什么的时候，问这样一个问题："这些可选食物中哪些会给我带来更多的能量？"例如，与加工食品相比，全食能给你提供更持久的能量；与碳水化合物等快速吸收的食物相比，水果和坚果能够更有助于保持你的专注力。

- 盘点一下你上周的食物选择。总体上讲，你的饮食中有多少是能量维持性食物，有多少是能量消耗性食物？如果你的饮食结构并不理想，可以尝试一种追踪营养的不错的工具和应用程序。

- 准备自己的"快餐"。将健康的零食存放在办公桌、储物柜或袋子中。如果你可以不辞辛劳地将这些东西取出摆在自己面前，那么你就不太可能在休息室里偷吃剩下的生日蛋糕。

- 举行健康的午餐会。如果你能在周二的午餐时与一位同事一边聊天一边享用丰盛的沙拉，那么你就是一举两得：既进行了一次社交，又补充了营养，这比单独在办公桌前吃块冷比萨要好得多。

- 为工作后的饥饿感做准备。下班后，你可能会感到很疲惫，而且很容易会作出错误的选择。在家里准备一些健康的零食，这样一来，当你走进家门时，就不会吃光了一袋薯片。

- 最后，也可以写下你给自己的最佳建议：

你是否想要在列表中加入其他精力驱动因素？当你处于压力之下时，你最渴望哪种精力驱动因素？你的首选驱动因素是哪个？你会忽略哪一个？

采用一种长期的方法来管理你的精力。你在工作中以及在家里有些时候可能会比其他人都要更繁忙。《要事第一》(First Things First)的合著者，我们的同事罗杰·梅里尔（Roger Merrill）称这些时刻为"失衡季"。你可能会想出几个这样的例子：会计的报税季，父母迎接一个新生儿的到来，教育工作者重返校园。这些可能是生命中的一些最激动人心的时刻——同时也是令人筋疲力尽的时刻。在这样的时期，为了生存我们会砍掉某些优先事项和目标（而运动时间通常是最先被砍掉的）。

试一试

为"失衡季"做准备

你生活中有哪些"失衡季"？你目前是否正经历着一个失衡季？现在或在可预见的将来，你能够采取哪些措施恢复平衡？

当一切平静下来之后，我们常常会忘记"取回"其他的优先事项。

在不知不觉中，失衡成了新常态，尽管这种新常态可能并不是必要的或者可持续的。经历了一段忙碌时期之后，让自己停下来是件不容易做到的事，但对恢复健康习惯却是极为重要的。重返健身房，花些时间辅导某个团队成员，或者去吃一顿不在办公桌上吃的正常的午餐。

还记得我在本章开篇时所讲的关于我自己的例子吧：我开始了一份新工作，并且每天上班的时间异常得早。即使在6个月的关键期之后，我也仍在高强度地工作，并且取消了生活中的几件要事，以便将精力集中在最重要的任务上。但这并不意味着我从未回到健身房。虽然在那段时间里健身这件事与我的生活并不相称，但是从那以后我

试一试

停止/开始/继续

对于在本章中所读到的内容你是否有不同意的地方？你是否感觉忙得根本没有属于自己的时间？

认真回顾一下你的"精力检查表"以及我们所讲的一些技巧。想一想哪些活动能给予你精力，而哪些会消耗你的精力。为了保持精力充沛，从今天开始，你可以停止、开始以及坚持做哪一件事？

作为领导者，你应该带头做这件事。如果你想要充分发挥大脑的潜能，你就需要为它补给精力。正如你应该兑现对他人的承诺一样，你也要兑现对你自己的承诺。

将更多的时间用来投资自己。我的女儿现在十几岁了，而我已经能够参加半程马拉松比赛，还成了瑜伽教练。最近，斯科特采访了著名的健身和目标达成方面的专家吉利安·迈克尔斯。他强调一个观念：只要不是在同一时间，人完全可以做成任何事。

"失衡季"只要还是"季节"，就不算问题。而当"季节"变成一种生活方式时，就成了问题。要小心那些无休止的临时高压时期。

技能2：管理你的时间

在过去的10年当中，我们注意到在时间管理领域发生的巨大转变。我们曾经教育人们如何区分高优先级和低优先级任务，帮助他们识别出不利于成功的沉重负担，并将其从时间表中清除掉。然而，如今的人们却是在每一项都非常重要的而且是相互竞争的优先事项当中做选择。我们在富兰克林柯维将这种新的领导能力称为"决策管理"。不幸的是，可以清除的浪费时间的事项并不是很多；相反，我们要在赢得一个重要的项目、指导一个心烦意乱的团队成员，以及争取回家吃晚饭之间进行选择，而所有这些选项都是极其重要的。

―――――

不久前一位新员工向我讨教如何在他的新岗位上获得成功。我告诉他，工作很快就会忙起来，并且会快速运转。工作了几个月后，他不必在利用时间的好办法和坏办法之间做选择。他需要在几种非常好的办法之间进行选择，而且他没有足够的时间每一项都做。

你所面临的挑战是弄清楚如何确定优先级，以便每一天你都可以专注于能为你和你的组织带来最大回报的最重要的、高附加值的事情上。

——托德

许多人都将时间和精力用在了应对各种压力、需求或紧急情况上——无论这些事情能否帮助我们完成最高优先级的任务。托德在他的《人生算法》一书中将这种处事倾向称为"弹球综合征"（将紧迫感与重要性混为一谈）。对于在这种环境下的时间管理来说，选择不做什么和选择做什么同样重要。你需要辨别什么是重要的事情，然后敢于对不重要的事情说"不"或者"现在不行"。这些话会让人感到不舒服，有时甚至是有风险的。

想清楚你希望成为什么样的领导者。要想知道该对什么事情说"不"，首先必须清楚你最应该应允的事情，也就是对你来说最重要的事情。从现在开始的数年时间里，你希望你的团队成员如何评价你？你的领导价值观和优先事项是什么？

选择你的优先事项，并与团队分享。这样，你可能就不会整天疲于应对某个占据你大量时间和精力的问题。

读了这本书后，但愿你收获了很多理念——但是，如果你仍无法将其应用到你排得满满的日程表中，这些理念可能会让你感到不知所措。

要认真选择你的优先事项，而且同样重要的是，判断哪些事情不应该做。一旦选定了优先事项，就应该全力以赴坚持到底。当你挣扎在日常紧急情况的旋涡之中时，你必须坚守计划才能达成目标。作为一名卓有成效的领导者也有不利的一面，那就是，你的同事、老板和团队成员会找你寻求信息、支持以及新的项目。唯一能保护你自己时间的人很可能只有你自己。

我发现，对我来说，对一件事说"不"最简单的方法是，我能百分之百知道我的时间应该花在什么事情上，以及为什么要这么做。能够向他人解释清楚"为什么"会有助于维护健康的人际关系。

分享优先事项和目标是一个非常好的做法，而且不仅是要在别人向你寻求帮助的时候，还要在一般情况下。一旦被大声说出来，这些优先事项和目标无论对你自己还是对别人都会变得更加真实。正如我们在之前的做法中所讨论的，你的优先事项不应该成为团队的秘密。你的许多优先事项应该尽量与团队成员的优先事项协调一致。

在处理紧急事件时保持灵活性。即使你对时间做了精心的安排，你的一天也不会按计划进展，紧急情况会发生——其程度取决于你工作的性质。因此，你应该在日程安排中留出一些余地来应对突发事件。其占比会因你所在的行业、职位和管理者的不同而不同。但是，如果你投入了时间做计划，那么当你可以不用去救火的时候，你还有一条中心线可以回归。

避免两个极端：过于僵化而无法应对计划中的变化，或者对处理紧急情况上瘾，甚至会制造紧急情况。一方面，要提醒自己要灵活敏捷，以便在你的老板发来短信的时候，你不至于因为过于缺乏灵活性而让这件事毁掉自己的一天。而另一方面，不要过度被紧急情况所吸引，比如，将任何一封带有红色感叹号的电子邮件视为急件，而实际上它可能并不是。我们是应该有些可塑性，但不要对任何紧急事件都敞开大门。当一个曲线球朝我们扔过来时，我们应该首先考虑自己的优先事项，然后要么做出肯定的答复，要么恭敬地回答："这件事我过后可以做，但现在不行。"

利用周计划为优先事项安排时间。如果你已经忙得连最重要的工作都完成不了，那么花更多的时间做计划听起来似乎有些违背常理。但是，如果你不做计划，你就会变成一棵墙头草，被变化的风向摆布，对迎面而来的任何事都做出反应，而不能决定什么是重要的事情，以及你想要实现什么目标。

试一试

为优先级事项做计划

思考一下你的优先事项和目标。本周你可以采取哪些具体措施来帮助你实现这些目标？将这些"大石头"列入你的日程表。

回顾一下前面谈到的做法。哪些技能和做法对实现你的目标最有帮助？将它们放在你的日程表里，作为你领导工作中的"大石头"。

我们喜欢最先由《高效能人士的七个习惯》普及的"大石头"和"小砾石"的比喻说法。许多人可能已经看过了史蒂芬·R.柯维博士的那个非常火的视频。在视频里，柯维博士请一名听众参与者将所有为兑现你这周的承诺而要完成的重要的优先事项（用石头代表）放入一个罐中。罐子中的大石头代表为完成重要的优先事项你决定每周要采取的最重要的行动。砾石代表所有其他的事情。每个星期开始时，首先将大石头（基于你的价值观的个人和职业优先事项）放入日程安排中，然后围绕着这些大石头将砾石（较小的任务和细节）填入日程安排中。否则，如果你先放进去小的任务，它们会把时间表填满，结果就没有摆放"大石头"的余地了。

在针对如何充分利用时间的问题指导过许多领导者之后，我发现许多人都没有充分发掘他们用于计划的系统工具的潜能。许多领导者只是将其用于会议。下面这个例子展示的是一个典型的管理者的周日程表：

周日程表示例：传统形式

	星期一	星期二	星期三	星期四	星期五
上午6-8点					
上午8-10点			一对一会谈		
上午10-12点	团队会议		客户会议	管理层会议	
下午12-2点		与客户共进午餐			
下午2-4点	与IT人员见面		一对一会谈		
下午4-6点	与我的管理者会面				
下午6-8点					
晚上8-10点					

这种形式的日程表有哪些主要问题？在我看来，你表面上看起来似乎有很多空闲时间，而且可以随时应付紧急情况（以及更多的会议）。但是事实可能并非如此。我敢打赌，你的一周会相当繁忙，尽管从你的日程表上体现不出来。

那么，除了会议之外，日程表上还应该有什么？首先应该是你本周的"大石头"。其他重要的（但可能不是紧急的）优先事项，例如战略思考或行业研究。然后，你应该添加一些你根据经验知道需要花时间的事情。例如，与客户会面的行程时间，与经理会面后整理会谈记录，以及为一对一会谈做准备。确保你掌握了将承诺的任务和优先事项预先填入日程表的技巧。

想一想你的精力高峰是在什么时候，并主动尝试将其融入你的工作方式中。什么时候是开会的最佳时间；什么时候是专注或封闭式工作的最佳时间？

下面是一个更有效的领导者计划表：

周日程表示例：有效的形式

	星期一	星期二	星期三	星期四	星期五
上午6-8点		晨跑		晨跑	早上瑜伽
上午8-10点	准备和研究本周的客户会议	早上在家	一对一会谈	集中处理重要项目	
上午10-12点	团队问责制会议	集中处理重要项目	前去与客户会谈/客户会议	管理层会议	指导团队学习新流程
下午12-2点	外出用餐（给妈妈打电话！）/与客户共进午餐	与医生的预约	散步及谈话	与同行共进午餐以获取反馈	周五团队午餐
下午2-4点	与IT经理会面，了解新的流程	跟进客户午餐会议	一对一会谈	准备团队指导会议	准备下周的团队会议和一对一会谈
下午4-6点	与我的管理者会面			准备下周的周计划	
下午6-8点	陪伴家人/活动	晚上加班	家庭时间/活动	晚上加班	约会之夜
晚上8-10点			晚上瑜伽		

从第二种形式可以更准确地看出你有多少时间可以用于紧急情况。而且要记住，将锻炼之类的恢复精力的活动列入日程表中会提高其发生的可能性。

你可能工作在一个从来不需要你加班的环境里：恭喜你！但是，如果你需要加班，就应该采取主动并提前安排这些晚上的时间。我刚刚开始工作的时候，我的母亲送给我一条建议：每周计划在办公室加班一次，用来完成重要的任务。如果你不需要担心在某个时间之前必须离开办公室，你就可以有更多的掌控感。然后，如果家里有事或者你想要花些时间给自己，你可以选择在某一天早些下班。

判断你可以拒绝的事项。如果你能对一周内的时间有比较现实可行的整体把握，就可以比较容易地说"不"。你不会去先解决琐碎的小事情，而把重要的事情留在后面做。相反，你应该判断哪些事情是最重要的，并围绕这些活动来计划时间。你必须要对某些不重要的事情说"不"——甚至可能需要在一些重要任务之间进行选择。

在准备周计划时，你可以通过询问自己下列问题，来决定要在哪些事情上花时间：

· 这件事会有哪些潜在的回报？如果某项任务具有长期的重大影响，那么即使它目前看来并不紧急，也要立即处理这项任务。

· 这项任务是否可以帮助我的团队、公司或者我个人实现重要目标？如果为某位下属提供帮助能够加快某个战略性项目的进度，那么放下手中的一切来做这件事就可能是值得的。

- 这件事可以等吗？如果可以的话，或许可以让它等一等。但要判断它能等多久，以避免它最终演变成危机。在此之前要及时处理。

- 这件事是否应该由我来做？如果有人比我更有经验，或者可以利用这个机会学习，也许此时应该授权。有关这方面的更多内容，请参看"做法3：引领团队取得成果"。

- 这件事被列入我的时间表是否是因为它做起来舒服或者容易做？如果你的一周时间里挤满了能给你带来成就感的快速见效的任务，那么你可能只是在原地打转。

- 这件事是否是我的（或者另外一个人的）首要任务？与所有创新发明一样，我们的数字日程表也有优缺点。允许同事查看自己日程表的功能大大提高了日程繁忙的人员安排会议的效率。其缺点是，由于许多人都可以看到你什么时间有空，于是就会向你发送预约邀请，让你感到难以拒绝，或者受文化因素的驱使而不得不接受它们。你或许可以用一些由头来留出某些时间段，防止有同事针对这些时段发送预约邀请。

制订每日计划。除了花30分钟时间做周计划之外，有成效的领导者还会每天至少花些时间进行周密的计划。花10分钟时间根据当前的情况对计划进行修改。你这一天的心情怎么样？你在上半周完成了哪些任务？你的最重要的优先事项是否发生了变化？查看本周的目标：你能够从事的哪些活动有助于将这些目标在本周工作日结束之前变成结果？

每日计划可以保护你在一周开始时确立的优先事项不会受到一些琐

事的影响，而这些琐事无异于生产效率的杀手。但是你的原计划再好，你也有可能被迫去应付超出预期时间的紧急情况或者重要任务。因此，每天重新审视自己的优先事项并根据需要进行调整是很有必要的。

一旦你将完成重要任务的时间固定下来，那么一些次要的任务，比如更新会议信息、回复电子邮件等，就可以填在日程表中的其余部分。要记住你的精力和工作重点方面的需求，主动安排一些休息时间或者与同事聊天的时间——这些活动能让你精神焕发，同时又能避免将休息时间变成面对全体工作人员的45分钟巡回演讲。

制订好每日计划后，就要全心投入到最高优先级的任务中去。趁着干扰性因素和紧急情况尚未分散你的注意力，事先做好日计划。

技能3：指导团队成员管理自己的时间和精力

在寻求建立自己的平衡之余，你还需要指导你的团队成员建立他们自己的平衡。正如你需要对团队的成果负责一样，你在某种程度上也要对团队的精力负责。领导者需要留心创造力什么时候会有所下降，或者员工什么时候只是需要稍微休息一下养精蓄锐。许多领导者都低估了他们对团队成员精力水平的影响力。

也许你对自己需要管理团队成员精力的职责持怀疑态度。关照自身的健康和精力水平难道不是他们自己的责任吗？团队成员的精力真的很重要吗？绝对重要。你不能强行给团队成员喂维生素，或者把他们放在跑步机上，或者平衡他们的生活，但是你可以树立健康生活方

想一想

当心精疲力竭

几年前,我有一位非常有才干的员工,负责一项颇有难度的工作:利用一个复杂的系统计算销售佣金。这项工作比许多其他重要职责都重要。

她工作认真负责,成绩优秀,而且会尽一切努力做到最好。我是她的老板。我不断用语言确保让她知道我们对她有多么感激,但与此同时我却不好意思告诉她:我注意到她连续不断地超长时间工作,几乎达到了不现实的程度……然而我却什么也没做。

事后诸葛亮的我本应该意识到,她如此疯狂地工作,最终不可能不被累垮掉。而结果的确如此。经过多年尽职尽责的工作之后,她辞职了。这对公司和我们的团队来说都是巨大的损失。

尽管每个人都应该对自己的选择负责,但是作为她的管理者,我却没能指导她如何让自己的生活中多一些平衡,即使这意味着需要将她自己的某些责任转移给其他人。这是我一直想做但却没有做的事情,然而最后却是为时已晚。精疲力竭是实实在在地发生了。这种事情是可以避免的,但这需要领导者付出勤恳的努力,不仅要注意到它的存在,而且还要采取行动。

——托德

式的榜样，并且在你无休止地要求他们加班，提出不切实际的完成期限，以及承接过多的项目时，注意不要耗尽他们的精力。通过你的示范作用，以及你在这方面的娴熟技巧，你会对他们的精力产生更大的影响。

————

下面是我们提供的关于管理团队成员精力的几个最佳做法。

领导者们的生活方式是自己选择的——对某些领导者来说，工作是他们的重中之重。这没什么错，但是他们希望自己的团队成员也是如此，不管他们是否有相同的优先事项。

你可以一遍又一遍地重复："你们不必因为我加班所以也要加班。"但是，如果你的员工不按照你的样子做，他们会觉得自己让你失望。

坦率地与团队成员讨论平衡的重要性问题。领导者应该对结果提出期望，但是团队成员也可以以不同的方式达成结果。有些人习惯于在一天当中零星地完成任务，而另一些人则愿意在集中的时间段内把事情做好。例如，我的一名员工会在每个星期二下午参加女儿的足球训练——这没什么问题，因为他总能在下班之前提交报告。应该关注的是结果，不必非得在意方法。

——托德

————

以身作则

作为领导者,你的行为会很自然地成为每一个人的规范。如果你上班来得早,你的团队成员会感觉有必要来得比你更早。如果你一直工作到晚上8:00,很少会有人敢在下午5:00时蹑手蹑脚地经过你的办公室。

除非你刻意地、明确地、反复地说明你的期望,否则你的团队就会把你的工作方式理解成他们自己的工作方式。问题是你的习惯实际上可能会降低他们的效率。夜猫子(据丹尼尔·平克称,约占总人口的20%,因此也可能是占你的团队的20%)会在上午7:00望着笔记本电脑打哈欠。与你身处不同时区的员工可能需要在高峰时段牺牲自己个人的时间参加会议。

去年,我在一家大型上市女装公司面向1000多人发表了一个主题演讲。演讲开始的几星期前,我与他们的首席执行官及其执行团队进行过交谈,以确保我所传达的信息能够满足他们的需要。这位首席执行官明确表示,我有1个小时15分钟的时间,所以我根据这个时间范围准备了主题演讲。

演讲进行得很顺利,观众也很积极。他们的积极性非常之高,以至于在主题演讲过程中他们的一些回应挤占了我的时间。在还剩下大约3分钟的时候我说:"我还有一个最后的概念,大约需要5分钟时间,所以我们想超时大约2分钟。大家同意吗？"我很有信心地期待着肯定的回答。然而，他们同意还是不同意，我都不记得了，因为当我瞥了一眼坐在前排的首席执行官时，她暗中挥了挥手指，做了个说"不"的口型。

我立即开了个玩笑，说："我转念一想，我们还是要按时结束。"主题演讲结束时，所有人都笑了。

之后，那位首席执行官来到我跟前，对我说她对演讲非常满意。然后，首席执行官让我看到了她为什么是一位如此非凡的领导，管理着一个如此成功的组织。她说："真对不起，没有让你超过允许的时间，但是我们的核心价值观之一就是尊重员工的时间。我为此树立榜样的方式之一就是，我承诺所有会议都将按时开始按时结束，绝无例外。"

哇，我佩服得五体投地。我对她给我的这次机会以及她的以身作则表示感谢。难怪我在这个组织与之交谈的每个人都称赞她非凡的领导能力。管理时间确实很重要，并且会影响你的结果。言行一致亦是如此！

——托德

创造更多精力

你是否曾经在开始某个会议时发现团队中的每个人看起来都疲惫不堪？一个人是感冒刚刚好，另一个人家中发生了严重的事故，还有一个人正因面对一项艰巨的任务而愁眉不展。此刻你来了，试图启动一个重要的项目。而雪上加霜的是，昨晚你没有睡好觉……

在这样的时刻,你需要提醒自己是一名领导者。你是否想让你的团队在离开会议室时和他们进来时的心情一样(或者,可怕的想法:让他们更加疲惫)?或者,你是否能够以此为契机为他们注入一些积极的精力,让你的团队能够精神焕发地走出去?

每当遇到这种情况时,我都会尝试将其视为一种积极的挑战。会议开始时,我可能会首先简短地庆贺一下我们发挥的重要作用,或者分享一些其他的好消息。此外,我还会与团队成员开诚布公地讨论我们想要召开什么样的会议,我们在一起的时间如何能够增强或消耗我们的精力,以及每个人在形成这一结果的过程中所扮演的角色。

想一想

尊重他人的优先事项

有一次,在紧张的工作之后,一位同事去度他应得的假期,与家人重温美好时光。他回来后,他的老板总是用挖苦的口吻提及他的"长假"。这位管理者是在给他的团队成员传递什么信息?

我们可以选择不重视别人工作和生活中的优先事项;但如果这样的话,你就很难吸引和留住顶尖人才。你的优先事项可能会不同于他们的,但是你必须不断树立起尊重他人优先事项的榜样。如何做到?允许他们设定自己的优先次序,而不是屈从于你的。

——托德

在会议中，应该关注手头的任务和团队的精力水平。如果你感觉二者之间有差距，就要选择好语调、速度和参与度。不要认为你必须要成为啦啦队长，为每个人鼓劲。相反，简单的活动就可以激发活力，例如以志愿的简短的汇报开始会议，让每个人站起来，或者两两结对讨论一个关键项目的解决方案。

创造沟通的机会

在讨论"五种精力驱动因素"时，我们谈到了与他人沟通的重要性。作为领导者，你可以促进这种沟通——并不一定需要所谓的外出静思会的形式，或者精心策划团队建设活动。

在许多组织中，与团队成员聊私人的事情曾经是让人看不惯的，但是这种情况正在发生根本性的变化。今天，员工的个人和职业生活比以往更为一体化。许多情况下，我们与同事在一起的时间同与家人和朋友在一起的时间一样多（甚至有过之无不及）。

因此，在你和团队之间建立更深厚的亲密感会越来越有利于团队的文化和生产力。在办公室里采用一些简单的技巧就可以起到很大作用。可以考虑制作团队早餐，或者轮流让每个人每星期分享一个特别的爱好。

挑战你的思维方式

在我管理一个大型部门期间，一个才华横溢的应届毕业生加入了

233

我的团队。在介绍会上她说:"我想让你知道,我真的不是个爱早起的人,所以如果我十点以后来上班,会比较好。"我就说:"嗯……不行!"我是爱早起的人。我习惯于七点钟到办公室,所以尽管我从没大声说出来,但我相信懒散的人都会在九点钟到办公室。我希望我能够说自己对变化持开放的态度,但是我对这位新员工却没有表现出丝毫的灵活性。

而如今我开始问自己为什么会这样。她并没有想要减少工作量;她只是想以不同的方式工作。她可能在傍晚的时候思维最活跃。当然,会有些时候她必须要九点钟到办公室,但是其他时间,她为什么不能十点以后呢?为什么我这么死板?她的风格不同于我的,并不意味着我不能对此宽容。

随着劳动力结构的显著变化,老牌组织将面临新的挑战:他们需要考虑到员工的心流和精力高峰,这可能对每个人都有利。因此,我鼓励你挑战自己在你和团队如何取得最高成效方面的思维方式。当然,一些诸如面向客户的角色则必须要在特定的时间到达特定的地点。但是客户也会改变他们的偏好。新的工作方式能否提高你的产品和服务质量?

最后的想法:无火不生烟

我们通常以为工作积极性差的团队成员会感到疲倦,然而事实却往往与之相反。有危险的是那些敬业度最高的人,他们对自己的工作太过投入，以至于禁不住要承担过多的责任，他们开始分辨不出哪些才是真正重要的事情，或者他们的领导者没有指导他们应该对哪些事情说"不"。

我曾经有一个业绩超群的团队成员，她在我们的一对一会谈中会非常积极主动地谈论自己正在做的事，而且我觉得自己几乎不需要做什么。但是前几天还高度积极的她突然说："我不敢肯定我还能不能再做这件事了。"

我意识到她需要我的支持和指导来找到她最重要的"大石头"。在接下来的几个月里我们用一对一会谈的时间讨论分析了她的周计划和优先事项。我很幸运能够有这些才华横溢、雄心勃勃、工作勤奋的人在我的团队里，而且我也很愿意将任务委派给他们，因为他们乐于承担一切。但是，如果你想要帮助他们将自己的激情引导到正确的事情上，那么你可以帮助他们排列优先次序：你打算如何利用下一星期的有限时间？在你可以做的所有这些重大事项中，最重要的是什么？至少就目前而言，哪些是你的"大石头"，你需要砍掉哪些事项？这样就可以防止他们遇到的瓶颈。

我的行动与洞见

稍事回顾一下本章所谈及的做法，并将最能引起你共鸣的洞见写在下面：

写下两三项你想要实施的行动。

结语

托德在本书的引言部分提出了一个深刻的问题：你是想要成为一名出色的领导者，还是希望你的团队有一名出色的领导者？研究者兼领导力专家莉兹·怀斯曼也问了一个类似的问题："你是一群人中的天才，还是天才的制造者？"在我看来，这是最有见地的领导力问题之一。你们不可能同时成为这两种人——你必须做出选择。

人们会说，有着持久事业的领导者是天才的制造者。你需要弄清楚你的员工需要什么样的领导者，他们所需要的可能与你一直想成为的领导者不同。

你是否知道你的团队需要什么？你是否关心他们的需求？你是否会为此向他们询问？你是否能敏锐地察觉他们的需求？这一切需要灵活性、同理心和倾听的能力。未来领导者的灵敏性不是体现在其价值观和道德准则方面，而是体现在其工作风格和技能方面。他们能够发现员工需要哪方面的领导能力，然后以此为参照培养自己的技能和成熟度。

我的一位基层领导对我的事业发展产生过不可估量的影响。当时我是一名新入职的招聘人员，而那一天是我开始工作的第35天。她将我带到一位高级领导者面前说："我想向您介绍一下托德·戴维斯。让我告诉您他在第1个月里的工作成就。"我很惶恐。她要说些什么？我担心她会让我说点什么，因为我根本想不出一件自己做成的事情！

她接着列出我填补的销售职位，我编写的搬迁政策以及我起草的招聘策略。我简直不敢相信她对我的工作如此感兴趣。

我将我的这一经历分享出来不是因为我自以为了不起，而是因为我的经理注意到了我的工作。她对我的信任远胜于我对自己的信任。那一刻塑造了我未来几年的职业和信心。

一个人对你真诚的信任所产生的力量足可以改变你的职业轨迹。

没错，领导工作的难度令人望而却步。但是，你不仅会切实影响员工的职业，而且还会影响他们的生活。

——托德

这不是一朝一夕就能实现的事。不要让自己陷入焦虑，要求自己一定要在下个星期五之前掌握所有这六种做法。托德、维多利亚和我花了数十年才真正学会了如何去做，而且即使是现在我

结 语

们也还在互相帮助纠正实践中的错误。

成为一名出色的领导者需要时间、反复练习以及成功和失败——而这些都是这个公式中不可或缺的部分。因此，放松一下，给自己一些空间。这是一段旅程，而且我们可以告诉你：它很值得。

———

最近，我遇到了10年前与之共事过的一位前员工。她说："维多利亚，你有一件事我一直记得。当我刚加入你的团队时，我们正在讨论一些问题。当时你说：'将来你们成为学习与发展业务的主管时，这些会很重要。'我从没想过自己未来会成为总监，然而你说话时的样子让人感觉似乎那是世界上最自然的东西。它改变了我的思维方式，让我相信，有一天我会成为一名主管。"接着她眼含热泪地说："现在你瞧，我是这家大型组织的学习与发展主管。而你当时预见到了。"

对她来说，这是一个非常激动的时刻，而对我而言，则更是如此。我真正相信每个人都应该有一位出色的管理者。如果我们选择成为领导者，我们应该尽最大努力成为一名出色的领导者，因为我们可以改变人们的生活。

同时，这并不意味着团队中的每个人都会永远爱你。会有艰难的时刻，而你特有的风格和个性可能并不适合每个人。对此不要太过自责。

利用从本书中获得的做法、见解和想法，然后将它们付诸实践并且结合你自己独特的风格。你的员工会主动找到你。你将会有所作为。

——维多利亚

239

附录

放下书开始行动

我们很高兴你能和我们一起走完这段旅程。我们满怀激情地想要帮助初级领导者（其实还包括其他各个级别的领导者）不仅去学习这些做法，而且要知道如何去运用。在本书即将结束之际，让我们讨论一下从今天开始如何利用你获得的洞见，在领导力方面取得真正的、持续的进步。

下面的列表向你展示了如何一步一个脚印地将这六种做法组合在一起。我们要求你回顾一下你写在每章最后的洞见和行动，并为你量身定制一个行动计划。

做法1：培养领导者思维

■ 总结你从本做法中获得的主要洞见：

_____

_____

_____

■ 找出在本做法范围内改变思维模式的方法：

_____

_____

■ 选择你想要采取的行动，然后制定行动时间表。
  • 使用第35页的表格检查你的思维模式。
  • 使用第41页的"了解你的团队"工具。

■ 谈一谈你能想到的其他行动：

_____

_____

_____

做法2：定期进行一对一会谈

■ 总结你从本做法中获得的主要洞见：

_____

_____

■ 找出在本做法范围内改变思维模式的方法：

_____

_____

_____

- 选择你想要采取的行动，然后制定行动时间表。
  - 使用第46页的六级框架分析团队的参与度。
  - 制定最适合你的团队的一对一会谈形式。
  - 与团队成员分享一对一会谈背后的意图和理论。
  - 将一对一会谈预先设定为定期日程表中的预约项。
  - 利用第74页的计划表和第76页的指导性问题为你的第一次会谈做准备。
  - 经过几次一对一交流后，针对会谈的意义以及你的倾听能力和指导水平向团队成员征询反馈意见。
- 谈一谈你能想到的其他行动：

___

___

___

做法3：引领团队取得成果

- 总结你从本做法中获得的主要洞见：

___

___

- 找出在本做法范围内改变思维模式的方法：

___

___

- 选择你想要采取的行动，然后制定行动时间表。
  - 与你自己的管理者会面，领会他们的目标及其希望你的团队实现的目标。了解这些目标与组织的优先事项之间的一致性。
  - 召开团队会议以明确说明你的目标。宣布每周团队问责制会议的目的和结构。
  - 创建一个记分表，用以跟踪实现目标的进度。指派一个人每周对其更新一次。
  - 考虑可以将哪些任务委派给其他团队成员。尤其要注意那些可以扩展和提高团队成员能力的任务。利用第105页中的框架委派任务，然后通过一对一会谈进行跟进。
  - 安排并举行每周一次的15至20分钟团队问责制会议，用以检查记分表上的进度。
  - 当目标实现时，要予以庆祝——而且要尽可能大张旗鼓地庆祝。
- 谈一谈你能想到的其他行动：

做法4：建立反馈型文化

■ 总结你从本做法中获得的主要洞见：

_____
_____
_____

■ 找出在本做法范围内改变思维模式的方法：

_____
_____
_____

■ 选择你想要采取的行动，然后制定行动时间表。

- 思考一下你的性格是倾向于胆子大还是倾向于思虑多。是否有一些需要你重新调整的情况、人员或环境？
- 召集团队成员，向他们宣布你希望提出以及寻求更多反馈意见的意愿。
- 必要时使用第155页的"反馈计划表"工具提供反馈意见。针对特别高难度的对话，提前进行角色扮演练习。
- 在下个月向至少一个人寻求反馈意见。使用第150页中的六个步骤。

■ 谈一谈你能想到的其他行动：

_____
_____

做法5：引领团队应对变革

- 总结你从本做法中获得的主要洞见：

_____

_____

_____

_____

- 找出在本做法范围内改变思维模式的方法：

_____

_____

_____

_____

- 选择你想要采取的行动，然后制定行动时间表。
- 在你下一次变革计划之前：
  - 利用第167页的问题，反思你对变化的容忍度。
- 在下一次变革计划过程中：
  - 如果你还没有完全接受变革，就去与你的管理者面谈，以更好地理解相关背景。
  - 使用第196页的计划表和"技能1"中的最佳做法来宣布变革计划。
  - 在与团队成员进行一对一交流时了解他们的最新情况。
  - 必要时创建新的目标和记分表。

- 庆祝先期的成功。
■ 在下一次变革计划之后：
  - 在一对一会谈期间，寻求有关如何更好地引领变革的反馈意见。使用第191页的问题。
■ 谈一谈你能想到的其他行动：

_____
_____
_____

做法6：管理你的时间和精力

■ 总结你从本做法中获得的主要洞见：

_____
_____
_____

■ 找出在本做法范围内改变思维模式的方法：

_____
_____
_____

■ 选择你想要采取的行动，然后制定行动时间表。
  - 使用第207页的问题评估你的精力需求。如有可能，调整你的时间表以符合这些需求。

- 在第209页进行个人精力审查。确定需要改进的驱动因素，以及为此可以放弃、开始和继续做的一件事。
- 预先设定一个30分钟的定期预约事件用来做周计划。
- 养成每天花5至15分钟进行日常计划的习惯。
- 使用第229页建议的说法与团队成员讨论平衡问题。你能否对团队的工作方式做出任何改变？
- 尝试使用第231、232页的建议来提高即将召开的会议上员工的活力。

■ 谈一谈你能想到的其他行动：

_____

_____

_____

成为团队值得拥有的出色管理者的计划

日期：_____

我的团队目前需要什么样的管理者？我的组织需要我成为什么样的管理者？

_____

_____

_____

_____

要想成为团队成员值得拥有的管理者，我需要做出哪些改变？

_____

_____

_____

将时间快进10年，回望这一刻。我希望我的团队成员如何谈论他们生命中的这段时间？届时我想取得什么样的结果？我希望我的团队如何看待我的领导能力？

_____

_____

_____

在接下来的几个月中，我需要做些什么才能实现这一愿景？

_____

_____

_____

在树立我的领导力声誉方面会遇到哪些障碍？我将如何克服这些障碍？

_____

_____

_____

我将如何对实现这个愿景负责?

_____

_____

_____

在接下来的几个星期和几个月里,我会在什么时间评估我的进度以及做出调整的决定?

_____

_____

_____

FranklinCovey

品 牌 故 事

　　三十多年前，当Stephen R. Covey和Hyrum Smith还在各自领域开展研究，以帮助个人和组织提高效能时，他们都注意到一个问题——人的因素。专研领导力发展的Stephen发现，志向远大的个人往往违背其所渴望成功所依托的根本性原则，却期望改变环境、结果或合作伙伴，而非改变自我。无独有偶，专研生产力的Hyrum发现，制订重要目标时，人们对实现目标所需的原则、专业知识、流程和工具却所知甚少。

　　Stephen和Hyrum都意识到，解决问题的根源在于帮助人们改变行为模式。经过多年的测试、研究和经验积累，他们同时还了解到，持续性的行为变革不仅仅需要教育，还需要个人和组织采取全新的思维方式，掌握和实践更好的全新行为模式，直至习惯养成为止。Stephen在其著作《高效能人士的七个习惯》中公布了其研究结果，该书现已成为世界上最具影响力的图书之一。在Franklin规划系统（Franklin Planning System）的基础上，Hyrum创建了一种基于结果的规划方法，该方法风靡全球，并从根本上改变了个人和组织增加生产力的方式。他们还分别创建了Covey领导力中心和FranklinQuest公司，旨在扩大其全球影响力。1997年，上述两个组织合并，由此诞生了如今的富兰克林柯维公司（FranklinCovey, NYSE: FC）。

　　如今，富兰克林柯维公司已成为帮助组织提升绩效的全球领导者，而提升绩效需要人类行为的持续性变革，这往往也是组织所面临的最大挑战。一旦变革成功，将成为最持久的竞争优势。对于组织而言，宣布一项战略是一回事，而重塑员工行为和组织文化以成功执行该战略却又是另外一回事。建立在Stephen和Hyrum对领导力和生产力的研究基础上，富兰克林柯维公司发挥其广博的专业性知识来帮助组织在多个关键领域实现持续性的行为变革，包括领导力、执行力、个人效能、信任、销售绩效、客户忠诚度和教育。

　　结果如何？我们的客户成功创建了优秀组织文化，其主要特征表现为：员工高效且善于合作；领导者高效且善于构建信任，具备卓越的执行力，能够为所有利益关系人创造显著提升的绩效。这样的文化最终演化为组织的终极竞争优势。

　　富兰克林柯维公司足迹遍布全球160多个国家，拥有超过2000名员工，共同致力于同一个使命：帮助世界各地的员工和组织成就卓越。本着坚定不移的原则，基于业已验证的实践基础，我们为客户提供知识、工具、方法、培训和思维领导力。富兰克林柯维公司的客户包括90%的财富100强公司、75%以上的财富500强公司，以及数千家中小型企业和诸多政府机构及教育机构。

　　我们的终极目标是帮助个人和组织在绩效上实现渐进型量变和变革型质变。我们在此向全球数以万计的客户表达衷心的感谢，谢谢他们给予我们机会帮助其实现伟大目标。

　　富兰克林柯维公司备受赞誉的知识体系和学习经验充分体现在一系列的培训咨询产品中，并且可以根据组织和个人的需求定制。富兰克林柯维公司拥有经验丰富的顾问和讲师团队，能够将我们的产品内容和服务定制化，以满足您的语言和文化需求。

　　富兰克林柯维公司自1996年进入中国，目前在北京、上海、广州、深圳设有分公司。
www.franklincovey.com.cn

更多详细信息请联系我们：

北京　朝阳区光华路1号北京嘉里中心写字楼南楼24层2418&2430室
　　　电话：（8610）8529 6928
　　　邮箱：marketingbj@franklincoveychina.cn

上海　黄浦区淮海中路381号上海中环广场28楼2825室
　　　电话：（8621）6391 5888
　　　邮箱：marketingsh@franklincoveychina.cn

广州　天河区华夏路26号雅居乐中心31楼F08室
　　　电话：（8620）8558 1860
　　　邮箱：marketinggz@franklincoveychina.cn

深圳　福田区福华三路与金田路交汇处鼎和大厦 22 层D16室
　　　电话：（86755）2337 3806
　　　邮箱：marketingsz@franklincoveychina.cn

富兰克林柯维公司在中国提供的解决方案包括：

I. 领导力：

THE 7 HABITS of Highly Effective People® SIGNATURE EDITION 4.0	高效能人士的七个习惯®（标准版）	The 7 Habits of Highly Effective People®
THE 7 HABITS of Highly Effective People® FOUNDATIONS	高效能人士的七个习惯®（基础版）	The 7 Habits of Highly Effective People®: Foundations
THE 7 HABITS FOR Managers ESSENTIAL SKILLS AND TOOLS FOR LEADING TEAMS	高效能经理的七个习惯®	The 7 Habits® for Manager
THE 7 HABITS Leader Implementation COACHING YOUR TEAM TO HIGHER PERFORMANCE	领导者实践七个习惯® 辅导您的团队实现高绩效	The 7 Habits® Leader Implementation COACHING YOUR TEAM TO HIGHER PERFORMANCE
The 4 Essential Roles of LEADERSHIP™	卓越领导4大天职™	The 4 Essential Roles of LEADERSHIP™
THE 6 CRITICAL PRACTICES FOR LEADING A TEAM	领导团队6关键™	The 6 Critical Practices For Leading A Team™
Find Out WHY™ THE KEY TO SUCCESSFUL INNOVATION	找到原因™：成功创新的关键	Find Out Why™: The Key to Successful Innovation

	CEO希望你知道的事：培养商业敏感度™	What the CEO Wants You to Know: Building Business Acumen ™

II. 执行力：

	高效执行四原则™	The 4 Disciplines of Execution®

III. 个人效能：

	激发个人效能的五个选择™	The 5 Choices to Extraordinary Productivity®
	项目管理精华™——给非职业项目经理人的项目管理书	Project Management Essentials for the Unofficial Project Manager ™
	高级商务演示技巧™	Presentation Advantage®
	高级商务写作™	Writing Advantage®

IV. 信任：

	信任的速度™（经理版）	Leading at the Speed of Trust®
	信任的速度™（基础版）	Speed of Trust®: Foundations

V. 销售绩效：

	帮助客户成功™ 填充销售管道 筛选商业机会 达成双赢交易	Helping Clients Succeed®

VI. 客户忠诚度

	引领客户忠诚度™	Leading Customer Loyalty™

"思想巨匠""最具前瞻性的管理思想家"
史蒂芬·柯维管理经典大作

《高效能人士的第八个习惯》

书号：9787500660958
定价：59.00元
★ 从效能迈向卓越必读书。

《要事第一》

书号：9787515344119
定价：49.00元
★ 有史以来最畅销的时间管理书籍。

《实践7个习惯》

书号：9787500655404
定价：59.00元
★《高效能人士的七个习惯》实践手册。

《生命中最重要的》

书号：9787500654032
定价：59.00元
★ 将个人和组织的价值发挥到极致的原则。

《高效能人士的领导准则》

书号：9787515342597
定价：59.00元
★ 史蒂芬·柯维"管理学经典三部曲"之一。

《柯维的智慧》

书号：9787515316871
定价：39.80元
★ 集结了柯维博士一生的思想精华和教导理念。

《高效能人士的七个习惯》（钻石版）
书号：9787515350622
定价：49.90元
★ 精选"七个习惯"的核心思想和方法。

《高效能家庭的7个习惯》
书号：9787500652946
定价：59.00元
★《高效能人士的七个习惯》家庭版。

《项目管理精华》
书号：9787515341132
定价：33.00元
★ 给非职业项目经理人的项目管理书。

《高效能人士的执行4原则》
书号：9787515313726
定价：59.00元
★ 世界500强企业最为推崇的顶级执行法则。

《杰出青少年的7个习惯》（精英版）
书号：9787515342672
定价：39.00元
★ 全球最畅销的教育书，入选青少年必读书目。
★ 中小学图书馆推荐书目。

《杰出青少年的6个决定》（领袖版）
书号：9787515342658
定价：49.90元
★《杰出青少年的7个习惯》姊妹篇。
★ 美国杰出青少年领导力训练计划。

《信任的速度》
书号：9787500682875
定价：59.00元
★ 证明了信任是个可测量的绩效加速器。

《7个习惯教出优秀学生》（第2版）
书号：9787515342573
定价：39.90元
★《高效能人士的七个习惯》教师版。